BONHEUR DE VILLE

Philippe PEMEZEC

BONHEUR DE VILLE

EYROLLES

Groupe Eyrolles
61, bd Saint-Germain
75240 Paris cedex 05
www.editions-eyrolles.com

Crédits photos

Cahier couleur : Sophie Liedot, Lucien Martin, David Ducastel, Marion Chalopin

Couverture : Dusan Bekcic

« Une cité doit être bâtie de façon à donner à ses habitants
à la fois la sécurité et le bonheur. »
Aristote

À mes enfants.

Introduction

Il y a dix-huit ans exactement, le 19 mars 1989, je franchissais le seuil de l'hôtel de ville du Plessis-Robinson avec l'écharpe de maire sur les épaules.

Pour la grande majorité des élus, accéder à la magistrature municipale est une fin, l'aboutissement d'un long apprentissage passé sur les bancs du conseil municipal, en séances de commission, dans les bureaux de permanence, à serrer des mains sur les marchés.

Pour moi, c'était tout le contraire, j'avais trente-trois ans, je n'avais jamais été élu auparavant et je prenais en main les destinées d'une commune de vingt-et-un mille habitants, émergeant d'une parenthèse de quarante-trois ans de gestion communiste.

La politique de la ville, je ne l'ai pas apprise dans les manuels ni sur les bancs de l'école.

Ma politique de la ville, je l'ai construite pas à pas, en écoutant les habitants, en me battant contre le terrorisme intellectuel qui a fabriqué les banlieues d'aujourd'hui.

Je suis frappé de voir comment le noble mot de « cité », un modèle dans la tradition antique, est devenu le repoussoir du XXIe siècle, le lieu qu'il faut fuir sous peine de s'y enterrer.

Est-il surprenant que les banlieues s'enflamment régulièrement quand on sait que ce mot vient du « ban », comme « mis au ban de la société », litéralement « laissé pour compte ».

Au XIXe siècle, être urbain avait aussi le sens d'une politesse raffinée. Un siècle plus tard, c'est la violence urbaine qui a pris le dessus, violence d'un urbanisme brutal sinon provocateur, violence de comportements irresponsables ou désespérés.

En raison d'une « pensée unique » aveugle et volontiers démagogique, on a laissé grossir ces ghettos urbains et permis à des concepts mensongers, forgés autour de l'esthétique et de l'habitat, de s'installer durablement dans les esprits.

Ainsi, je suis toujours choqué de voir que pour l'opinion publique le logement social, cet habitat des gens modestes, devrait nécessairement être reconnaissable entre tous, condamné à la laideur et à l'isolement, presque naturellement repoussé aux frontières de la ville et voué au mépris.

Dans ce livre, à travers l'exemple de ce que j'ai vécu et construit avec passion au Plessis-Robinson, j'ai souhaité parler de la ville avec les questions qu'elle pose, les difficultés qu'elle engendre, la richesse qu'elle offre, pour peu que l'on trouve des solutions à ses problèmes.

J'ai voulu parler d'urbanisme et d'architecture au service de tous, parce que ce sont autant d'instruments qui permettent d'aider les hommes en appréhendant la ville et en intervenant dans un espace qui apparaît, plus que jamais, au cœur des grands enjeux à venir et qu'il est nécessaire aujourd'hui de comprendre, de maîtriser et de transformer.

Les racines de l'action politique

Un gaullisme historique

Du plus loin que remonte ma mémoire politique, j'ai
été gaulliste. Rien d'incongru dans la France des années
soixante, plus surprenant pour le fils d'un ouvrier-méca-
nicien de Granville, élevé loin des beaux quartiers, dans
une famille modeste et méritante. Pour autant, mon père
avait fait sa Résistance dès 1940, tel un héros ordinaire,
sans médaille ni forfanterie. On peut même dire que mes
parents m'avaient baptisé à la source du gaullisme. Au
début des années soixante, le président de la République
est en visite en Normandie et mes parents se mêlent à la
foule qui se presse dans les rues de Bréhal pour fêter le
Général. Je suis dans les bras de ma mère quand le « grand
homme » passe devant nous. En me voyant, petit blondi-
net aux yeux écarquillés, il fait une pause et me prend dans
ses bras.

Au nom de la liberté de penser

Hasard ou destin, cet adoubement par l'homme qui
incarna le courage politique et l'esprit de la Résistance, a
forgé ma ligne politique et mon caractère.

Je suis au lycée en 1973 quand la jeunesse étudiante se
révolte contre une réforme de l'éducation lancée par le
ministre de l'enseignement de l'époque Joseph Fontanet.
Les syndicats étudiants et lycéens arpentent l'établisse-

ment, installent des piquets de grève, font voter mes camarades à main levée en faveur de la « lutte ». C'est là que je décide de monter sur la table pour faire mon premier discours politique, au nom de la liberté de penser. Je n'ai peut-être pas gagné toute ma classe à mes idées, mais j'ai gagné le pouvoir de dire non qui a marqué mon parcours politique.

Les parfums des marchés de Bretagne

Je n'ai pas appris la politique à l'ENA. Pour financer mes études de droit, j'ai été pêcheur de bigorneaux, barman, disc-jockey, vendeur de pulls sur le marché. Cette époque des marchés de Bretagne a été une des plus exaltantes de ma vie. Levé à quatre heures, installé au lever du soleil, humant à pleins poumons la brume et l'iode frais, j'ai toujours aimé les cris et les odeurs des marchés, le contact simple et direct avec la clientèle, les rapports humains qui s'établissent dans un clin d'œil et une poignée de main. À l'heure de l'internet de la cybercommunication, le marché reste toujours pour moi le creuset de la politique, là où tout se noue et tout se joue.

L'école de la politique

La politique, je l'ai apprise avec des hommes : le sénateur de la Manche Jean-François Le Grand qui me met le pied à l'étrier, le sénateur Jean Chérioux qui m'ouvre les portes du Sénat et de l'Hôtel de Ville de Paris, Patrick Devedjian qui me recrute comme chef de cabinet quand il reprend la mairie d'Antony au parti communiste en 1983. À ses côtés et au contact des communistes arc-boutés sur leur fief, je découvre la force de l'action militante, la capacité de mobiliser des centaines de fidèles pour remplir une salle, contrôler une assemblée générale, faire basculer le résultat d'un vote.

La réalité brutale de l'univers HLM

Je prends conscience aussi de l'importance du rôle du logement social. Non pas que j'ignorais ce que c'était, ayant vécu presque toute ma vie en HLM. Mais je retrouve à Antony la réalité brutale de cet univers, les barres du grand ensemble aux couloirs interminables, transformés en terrain de jeux attitré des jeunes en mobylette, la désespérance des populations entassées dans des appartements sans charme, avec des vies sans avenir. Je découvre le rôle des associations de locataires, jusque-là noyautées par les partis de gauche, plus intéressées par le combat politique que la défense des vrais intérêts des gens.

Le choc du déracinement

Je connais bien cet univers HLM. J'ai vécu ma petite enfance dans une maison à la campagne, près des plages de Normandie, avec mes parents, mon frère Jean et mes demi-sœurs. Je passais mon temps dans les champs, à courir après les hannetons. Je n'imaginais pas pouvoir vivre ailleurs que dans ce petit village, avec son clocher, son école, sa place du marché et ses rues étroites…

Ma maison, c'était mon cocon, même si elle n'était pas très confortable. Il n'y avait qu'un vieux poêle à charbon dans la cuisine, on n'avait pas de chauffage, mais de gros édredons et des bouillottes.

Quand j'ai eu sept ans, on m'a arraché à ma campagne pour m'emmener en ville. Je quittais les champs, les vaches, la nature, pour échouer dans une HLM des faubourgs de Granville, dans une cité où habitaient ceux qui n'avaient pas les moyens de vivre ailleurs.

« C'est le progrès » répétaient mes parents, satisfaits d'un logement plus confortable et plus proche du travail de mon père. Moi, je subissais cet environnement comme une agression, parce que les voisins étaient bruyants, parce que l'on a construit derrière chez nous une autre HLM.

Avec ma petite bande, nous étions révoltés par la construction de cet immeuble. Pendant les travaux, nous allions cacher les clenches sur le toit de l'immeuble et nous dissimulions des matériaux pour retarder l'avancée des travaux.

À travers cette première révolte, j'ai acquis le sentiment qu'il fallait pénétrer dans le « château » pour prendre le pouvoir et changer le cours des choses. Et j'ai pris conscience que je voulais, comme beaucoup de Français, retrouver le petit village que chacun porte au fond du cœur.

En prise directe avec la vie quotidienne

En 1986, je suis recruté par l'Office départemental HLM des Hauts-de-Seine pour diriger l'antenne de Bagneux et ses 10 000 logements sociaux. Par ces fonctions, je suis en prise directe avec la vie quotidienne des locataires, des fins de mois difficiles, des problèmes d'entretien. Je connais leurs préoccupations, leurs besoins, leurs attentes, leurs espoirs…

Et c'est dans mon petit bureau, au milieu de la cité de Bagneux, que tout bascule un jour.

Une rencontre déterminante

Je vois un beau jour de l'année 1987 entrer dans mon bureau Raymond Aumont, alors président de l'Union des Locataires Indépendants, venu me faire part de problèmes rencontrés au Plessis-Robinson où il milite depuis des années dans l'opposition.

Le courant passe tout de suite avec cet homme que j'ai appris à connaître comme étant le représentant des vraies valeurs de la politique : le courage, l'abnégation, l'amour des autres. Raymond, lui, devine en moi le candidat, selon lui idéal, pour reprendre sa ville aux communistes lors des élections municipales de 1989. À ce moment-là, si l'envie de me présenter quelque part me titille, je ne connais pas grand-chose du Plessis-Robinson, même si ce nom ne m'est pas inconnu.

Dans l'ombre des guinguettes

Ainsi, étrange hasard ou nouveau signe du destin, j'ai pris pendant plusieurs mois mon café matinal devant un grand tableau intitulé *Un dimanche à Robinson* qui faisait face au bar de l'hôtel de ville de Paris où je travaillais alors. Cette fresque, d'un certain Jean Veber, représente une scène des guinguettes de Robinson à la Belle Époque, dans laquelle se retrouvent en train de rire et festoyer tous les grands personnages politiques de ce début de siècle.

Quant aux autres images qui me viennent à l'esprit, je les dois aux récits de mon beau-père, André Léandri, évoquant son enfance robinsonnaise et ses souvenirs de guinguettes pendant les repas de famille.

C'est donc le cœur et l'esprit légers que je découvre la ville à laquelle je vais consacrer de longues années de mon existence.

Une paupérisation organisée

Quand je débarque au Plessis-Robinson avec mon ami Pierre Prévôt-Leygonie, notre première impression est un choc, on est loin de la Belle Époque de Zola et de Renoir. On y a construit massivement à partir de 1925 et le village champêtre est devenu une ville-dortoir de 21 000 habitants, avec près de 75 % de logements sociaux, chiffre record dans le département.

Que s'est-il passé pour en arriver là ?

Le petit village de quelques centaines d'âmes au sortir de la Grande Guerre a été choisi comme terrain d'expérimentation pour édifier une « cité-jardins idéale ». Celle-ci achevée, une deuxième cité-jardins, plus cité que jardins, plus massive et rectiligne, a été construite dans les années trente.

À la fin de la Seconde Guerre mondiale, la commune tombe entre les mains d'une municipalité à direction communiste qui accepte, voire encourage, la construction de plusieurs vagues de grands ensembles, sans âme et sans cohérence.

Plus grave encore, une stratégie délibérée de paupérisation laisse cette ville se dégrader au fil des ans, entre des immeubles à l'abandon, des équipements publics mal entretenus, des voiries en jachère et des espaces verts tristes et déserts.

Au milieu de l'avenue principale, autrefois dédiée à Payret-Dortail l'architecte de la Cité-jardins, mais effacée au profit de l'apparatchik Jacques Duclos, des calicots appellent la population à manifester contre l'Office HLM, qui est celui des Hauts-de-Seine depuis 1968.

Une fois passée la première impression, brutale voire désespérante, je prends le temps d'aller un peu plus au fond des choses pour me rendre compte qu'entre les murs de béton, il y a des trouées de verdure et que, derrière ces murs, il y a une population, à la fois désespérée et attachante, une population prête à rejoindre celui qui lui redonnerait un peu d'espoir.

À l'abordage !

Ma première campagne, je la mène comme l'aurait fait un corsaire de Granville, ma ville natale, fière cité de corsaires : « toutes voiles dehors et à l'abordage ! »

Gagner une élection, c'est à la fois très simple et très compliqué. Il faut un candidat, une équipe, un projet… et une bonne dose d'inconscience !

Le candidat, il existe désormais, grâce à l'introduction de Raymond Aumont qui m'emmène rencontrer Charles Pasqua, alors grand patron des Hauts-de-Seine, lequel m'adoube spontanément d'un « Petit, tu me plais, vas-y, fonce ! ».

Mais avant de foncer, je dois convaincre la classe politique locale que seul un homme neuf peut incarner ce besoin de renouveau que l'on sent confusément monter de la population. Il faut argumenter, il faut séduire, il faut faire ses preuves sur le terrain. Dès le printemps 1988, je réussis à souder derrière moi toute la droite locale, RPR, UDF et CNI, et nous nous mettons en ordre de bataille.

À ce moment-là, il faut se rappeler que l'équipe était encore plus que réduite. Je me souviens des premières réunions militantes dans notre sous-sol de la rue Léo-Lagrange, nous sommes à peine plus d'une douzaine autour de la table et nous quittons la réunion comme des conspirateurs, guettant des « ennemis » derrière chaque barre d'immeubles.

Mais petit à petit, l'équipe s'est étoffée, nous avons été rejoints par des femmes et des hommes de bonne volonté, faisant preuve d'un courage et d'une persévérance exceptionnels.

Arpenter le terrain

Notre projet, nous l'avons élaboré en écoutant les Robinsonnais ; la démocratie participative ne date donc pas d'hier ! Chaque jour, après mon travail, je quitte le bureau pour rejoindre au volant de ma petite Renault un quartier du Plessis-Robinson. Et là, accompagné d'un ancien du secteur, Raymond, Maria, Paul, Richard, Bernard ou Marie-Paule, je cours les cages d'escalier et je sonne aux portes. Ce serait mentir que de dire que je suis toujours reçu avec enthousiasme. Mais, dans la plupart des cas, je peux offrir mon plus beau sourire et faire connaître mon visage. Souvent je prends le temps de bavarder quelques minutes avec celui ou celle qui ouvre la porte, parfois j'ai l'occasion d'entrer boire un café et découvrir la réalité de la vie des Robinsonnais et l'état de frustration dans lequel ils sont maintenus par la municipalité communiste.

En un an, je sonne ainsi à des milliers de portes, je fais des centaines de rencontres, je quadrille toutes les rues, sans rien laisser au hasard. C'est ainsi que j'apprends à connaître cette ville, ses craintes, ses rêves, bien au-delà de ce que l'on peut en comprendre dans les livres et les statistiques. Petit à petit, je me suis imprégné du Plessis-Robinson, à travers une démarche quasi-fusionnelle comme si nous étions faits, l'un pour l'autre, comme si nous devions nous donner l'un à l'autre.

L'apprentissage des méthodes communistes

Sans que ce soit vraiment conscient, la thématique du logement s'est peu à peu imposée comme l'axe central de ma campagne.

Afin de m'installer dans la ville de mon choix qui devint vite celle de mon cœur, je demande à mon employeur, l'Office départemental HLM, la possibilité de quitter mon logement de fonction dans un immeuble de Vanves, pour en prendre un au Plessis-Robinson. C'est ainsi que l'Office m'attribue au début 1988 un pavillon mitoyen de la cité basse, 100 m² rue René Boulanger (aujourd'hui rue des Sapins). Pendant que les services de l'OPDHLM mènent à bien les nécessaires travaux de remise en état, je remarque l'étrange manège des services municipaux, dont quelques agents sont pris d'une passion frénétique pour le travail de plantation dans cette rue. Ce sentiment d'être espionné est confirmé le mois suivant quand je découvre que ma maison a été visitée par d'étranges cambrioleurs qui n'ont rien emporté. Drôle de sensation que ce viol de ma vie privée. Les vieilles méthodes bolcheviques ont la vie dure…

Dur, c'est le mot qu'il faut employer pour qualifier la visite du maire, Robert Gelly, à l'antenne de l'Office départemental en mai 1988. Manifestation, menaces, intrusion dans les bureaux, coups de poing au personnel, cette fois, c'est le maire lui-même qui officie.

C'est le même homme, que l'on dit adepte du coup « de boule » sur des adjoints socialistes en bureau des élus, qui me menace un soir de conseil municipal : « Vous allez regretter d'être venu habiter ici. Vous aurez des cheveux blancs avant que je n'aie plus de cheveux gris ».

Le logement au cœur de la campagne

Au-delà de ces péripéties hautes en couleur, je prends rapidement conscience que la thématique du logement sera la clé de la victoire. Je peux le vérifier tous les jours en écoutant les Robinsonnais et à travers l'enquête réalisée par Pierre, mon compère des premiers jours. 70 % des personnes interrogées placent le logement en principale problématique de la campagne, et ce indifféremment de leur type de résidence, en logement privé comme en logement social, ce qui est un résultat considérable pour ce type d'enquête.

La gauche est totalement divisée sur cette question du logement. Sentant que le maire communiste s'enferme dans une impasse en refusant le dialogue avec l'Office, le premier adjoint PS, Philippe Ferradou, se désolidarise de la municipalité et lance sa propre liste, sous l'étiquette socialiste. Un adversaire divisé, c'est l'assurance de deux tours de scrutin et un joli coup à jouer.

Pourtant, dans les Hauts-de-Seine, tout le monde pense que Le Plessis-Robinson est imprenable et que le bastion communiste n'est pas près de tomber.

« *Le logement social, c'est mon métier* »

Le choix de la stratégie se pose très vite. Sachant que je suis en quelque sorte le représentant de l'Office départemental HLM, le « grand satan » pour la propagande communiste, ai-je intérêt à passer sous silence ce titre pour utiliser d'autres thèmes ou faut-il plus exploiter ce levier électoral pour donner de la crédibilité à ma campagne ? Nous choisissons avec Pierre cette deuxième voie, quitte à frapper les esprits. Le point d'orgue de cette stratégie : un tract titré « Le logement social, c'est mon métier » et illustré par une photo de Michel Rocard, alors Premier ministre de François Mitterrand, me saluant avec toute la gentillesse qui le caractérise, dans le cadre d'une opération de réhabilitation sur la Butte Rouge à Châtenay-Malabry. Les communistes ricanent, le candidat socialiste s'étrangle de fureur, les électeurs comprennent le message…

La déception du premier tour

Cette stratégie du changement possible ne porte pas ses fruits au premier tour des municipales, le 12 mars 1989. Enfin, pas tout à fait… J'espérais 40 % des voix, je plafonne à 36,5 %. J'avais besoin d'avoir en face de moi le communiste sortant, c'est heureusement lui qui termine sur mes talons à 34 %. Et la liste socialiste dissidente, après avoir dit et écrit pis que pendre des communistes avant le premier tour, échoue à 29,5 %. L'ensemble de la gauche totalise 63,5 % des suffrages, mais l'addition de leurs voix est-elle mathématiquement possible ?

Nos amis sont découragés, des voix s'élèvent contre le choix stratégique, il aurait fallu taper plus fort contre les communistes, il aurait fallu se liguer avec les socialistes, il faudrait revoir notre stratégie.

Mais avec Pierre, nous avons l'intuition que la stratégie reste la bonne, nous avons fait nos comptes et nous savons qu'il y a un passage, étroit peut-être, mais réel.

Les accords de la honte

La semaine qui sépare les deux tours est exceptionnelle d'intensité. Les socialistes négocient âprement avec les communistes, tout en nous adressant des messages d'ouverture. Et la gauche se ressoude sur le fil, à quelques minutes de l'heure fatidique, le mardi soir à 23 h 45.

« Les accords de la honte » titrons-nous sur un tract édité dans la nuit, appelant les deux tiers des électeurs ayant rejeté le pouvoir communiste au premier tour à nous rejoindre et faire front au deuxième tour, pour que le changement devienne possible.

Les trois jours suivants sont incroyables d'action et de mobilisation. Mues par une force nouvelle, si ce n'est l'énergie du désespoir, nos troupes tractent, distribuent, téléphonent à tour de bras.

La journée électorale du dimanche 19 mars est longue et tendue, les communistes multiplient les provocations dans les bureaux de vote dans lesquels règne une tension lourde, presque palpable. Un signal me met la puce à l'oreille. Un élu socialiste, venu voter suivi de ses trois grands fils, me fait un clin d'œil après avoir déposé son bulletin dans l'urne.

Et le dernier bureau bascule à droite…

Dans le bureau centralisateur, la tension est à son comble. Les résultats sont extrêmement serrés. Les résultats tombent, bureau après bureau, et nous sommes au coude à coude avec Robert Gelly. Vers 23 h 30, il ne reste plus qu'un bureau de vote non proclamé et nous avons quelques dizaines de voix de retard sur les communistes. A priori, nous avons perdu sur le fil, car c'est un bureau à majorité socialiste qui reste à venir. Mais les chiffres n'arrivent pas, la température monte de plusieurs degrés sous le préau, les militants communistes s'énervent et nous forcent, moi et mon équipe rapprochée d'une dizaine de personnes, à sortir de la salle et attendre sur le perron de l'école.

Livide, Robert Gelly s'avance sur la scène et d'une voix blanche, annonce le résultat du dernier bureau. Il a basculé à droite, c'est nous qui emportons la mairie avec 57 voix d'avance. Un bastion communiste vient de tomber, quelques mois avant le mur de Berlin, tout un symbole.

Frappés de stupeur, des centaines de militants communistes s'effondrent en pleurs. Les gros bras du parti grondent de colère et se font menaçants. Nous ravalons notre joie et remontons vers la permanence entourés de drapeaux tricolores en chantant La Marseillaise. La chute du Plessis-Robinson est une énorme surprise. Cette année-là, en 1989, il n'y aura qu'un autre cas similaire en France, à Sarlat en Périgord.

Une semaine plus tard, c'est notre doyen, Raymond Aumont, les yeux brillants de larmes de bonheur, qui ouvre le premier conseil municipal d'une ère nouvelle.

Dans la salle des fêtes surchauffée, trois cents militants communistes, debout sur les chaises, le point levé, chantent l'Internationale et la Carmagnole.

Mais rien ne peut m'enlever à ma joie. J'ai 33 ans, je suis maire du Plessis-Robinson, j'ai en face de moi un chantier immense et un formidable espoir à assouvir. Je suis maire et maintenant le plus dur reste à faire.

La ville malade de la banlieue

Du village à la cité-dortoir

Le Plessis-Robinson est une commune à la fois très ancienne, érigée en paroisse en 1156, et très jeune, puisque baptisée en 1909 du regroupement, par décret du président Fallières, du village du Plessis-Piquet et du quartier de Robinson.

Le Plessis en ce début de XXe siècle, c'est un village, quelques rues, des fermes et des champs autour du clocher roman et du château, ancienne propriété du maréchal d'Artagnan et du grand libraire Louis Hachette.

Un peu à l'écart, sous les futaies, Robinson, le quartier des fameuses guinguettes, créé en 1848 par un cabaretier, dans lequel pendant un siècle le Tout-Paris est venu s'encanailler.

Mais si on a marié ces deux entités, on a oublié de les lier dans la pierre, du fait de la vente en 1912 de centaines d'hectares de terrains par les héritiers Hachette à l'Office des HBM (Habitations à Bon Marché) de la Seine qui vient de se créer.

Cet acte de vente signe l'acte de décès du village.

La première cité-jardins

En 1925, l'Office dirigé par le socialiste Henri Sellier, lance une idée novatrice, celle d'une cité-jardins inspirée du modèle allemand. L'architecte pressenti, Maurice

Payret-Dortail, dessine un premier projet, très vernaculaire, entièrement inséré dans l'ancien parc Hachette. Mais ce projet est abandonné au profit d'un autre qui se construit en lisière du parc, dans le style fonctionnaliste à la mode dans l'immédiat après-guerre. On peut ne pas aimer cette architecture, on peut s'étonner de la légèreté des constructions, pour l'essentiel en béton et mâchefer, il faut néanmoins reconnaître l'avancée sociale pour des populations sortant des taudis encore très répandus dans la région parisienne, dont un sur deux n'a pas de salle de bains et un sur trois n'a pas de WC. Ces familles modestes retrouvent dans ce quartier de la cité basse un cadre verdoyant, des normes de confort supérieures à la moyenne – avec les fameux éviers Garchey qui servent à la fois d'évier et de vide-ordures – et peuvent se refaire une santé physique et morale en cultivant leur petit lopin de terre au pied de l'immeuble. Quelques commerces, mais pas de bistrot : les autorités de l'époque, inspirées par le discours hygiéniste, voulaient prévenir la tuberculose et l'alcoolisme chez l'ouvrier en l'initiant aux joies du jardinage.

Elle n'a plus de jardin que le nom

Mais la deuxième tranche de travaux n'a plus de cité-jardins que le nom. Construite au milieu des années trente sur le plateau, sous l'impulsion de la loi Loucheur de 1928, la cité haute a gardé le style fonctionnaliste, mais les immeubles ont grandi en hauteur et en longueur. Si les jardins ouvriers ont survécu, les barres s'enchaînent comme des vagues le long des rues, animées par une poignée de commerces, mais toujours sans terrasse de café.

Construite pour d'obscures raisons spéculatives, cette cité n'aura pas le succès escompté, notamment par le fait que les transports en commun prévus n'ont pas été réalisés.

Les ouvriers des usines Renault de Billancourt, pressentis pour s'y installer, n'ont donc pas suivi.

En désespoir de cause, l'Office HBM finit par signer un contrat avec la Gendarmerie mobile qui y installe en 1936 un casernement. Le gendarme étant bon prince, il n'y trouvera rien à redire et Le Plessis-Robinson, qui compte en 1939 plus de dix mille habitants, devient une véritable ville de garnison.

Un constat catastrophique

La vie aurait pu somme toute s'y dérouler de façon agréable si la commune n'avait pas connu en 1945 deux fléaux : la prise de pouvoir par le parti communiste et l'urbanisation sauvage de l'après-guerre.

Le parti communiste qui maintient volontairement cette commune en situation de paupérisation trouve son intérêt dans la transformation des derniers champs de blé en cité ouvrière, sans style et sans âme, l'archétype de la cité-dortoir, constituant cette « ceinture rouge » qui a cerné Paris pendant près de quarante ans.

Le Plessis-Robinson a beaucoup souffert de cette transformation en cité-dortoir anonyme, ressemblant à tant de communes autour de Paris, comme si toute la banlieue avait pour vocation d'être identique.

Il est temps d'arrêter de se gargariser avec la poésie de la banlieue, même si elle peut être magnifiée par l'œil d'un Doisneau ou mise en scène par mon ami Roland Castro avec *Banlieues 89*.

La banlieue, c'est la non-ville, c'est un espace urbain qui n'a pas de sens, dont on ne sait quand il commence et où il se termine. Et ce n'est pas un hasard si c'est aux frontières de Paris que l'on a construit pendant les « trente glorieuses » ces vagues de tours et de barres qui ont défiguré le paysage d'Ile-de-France dans l'indifférence générale et avec la complicité honteuse des élus de gauche, par calcul, et de droite, par calcul aussi. Et déjà la technocratie était au pouvoir…

Au sens originel du terme, l'urbain, c'est la ville, la ville historique d'avant la Première Guerre mondiale. Et au-delà de l'urbain, il y a le suburbain, qui regroupe toutes les créations urbaines du XXe siècle, des cités-jardins aux villes nouvelles.

C'est donc la banlieue (*suburb* en anglais) qui a été le cadre de la réponse à la crise du logement, mais qui a porté en germe ses propres failles et ses propres faillites.

Et justement, quarante ans plus tard, on ne peut que constater les dégâts : Le Plessis-Robinson, 21 000 habitants, la taille d'une sous-préfecture, un centre-ville léthargique, 75 % de logements sociaux, seulement une soixantaine de commerces survivant péniblement face aux coups de boutoir des centres commerciaux périphériques, 80 % d'évasion commerciale, toujours pas de métro vers Paris ou Nanterre, des ressources fiscales insuffisantes par la faute d'une zone d'activités au potentiel mal exploité, une situation financière en quasi-faillite – la commune devant emprunter pour faire face à ses dépenses de fonctionnement – plombées par des charges de personnel exorbitantes, dépassant les 58 % du budget.

Oui, cette ville est malade. Le Plessis-Robinson est à bout de souffle. Un cœur usé, des poumons anémiques, une circulation sanguine déficiente, une esthétique complètement à revoir, voilà l'état du patient sur lequel je dois me pencher. Le malade est sur la table d'opération, il va falloir opérer vite.

Un cœur et des poumons fatigués

Me voilà donc face à ma ville comme un médecin au chevet d'un malade. Le diagnostic est tombé et il est inquiétant.

L'absence de centre-ville est l'équivalent d'un cœur malade, insuffisamment puissant pour irriguer l'ensemble du corps qui dépérit, faute de sang neuf.

Sur les deux poumons, le pronostic est réservé. Le poumon vert, qui fournit l'oxygène, a plutôt été épargné, un tiers du territoire de la commune étant constitué d'espaces verts. Mais il ne faudrait pas que, par manque d'entretien, ce poumon soit touché à son tour.

Le poumon qui alimente les finances de la ville est lui sérieusement atteint. Les entreprises, pénalisées par une taxe foncière élevée, ont été systématiquement montrées du doigt par la municipalité communiste qui ne connaissait comme dialogue que l'affrontement et le piquet de grève. Les commerces sont exsangues et seul le marché, malgré un décor digne des villes les plus sordides d'Europe de l'Est, reste trois fois par semaine un lieu de vie et d'échanges.

Un besoin de chirurgie esthétique

Quant au décor urbain, c'est plus qu'un lifting, c'est une véritable opération de chirurgie esthétique qui s'impose : rues défoncées, trottoirs impraticables, bâtiments publics mal entretenus, logements vieillissants quand ils ne sont pas insalubres, façades lugubres et décrépites, ronds-points parsemés de quelques fleurs en berne, c'est toute la ville qui suinte la tristesse et l'abandon, comme un corps qui n'a pas été soigné et qui se laisse aller.

Mais derrière ce tableau, il y a de l'espoir parce qu'il y a de la vie. Le Plessis-Robinson n'est pas une commune de banlieue ordinaire, parce que ses habitants s'y sont enracinés. Ouvriers, employés, gendarmes, commerçants, ils ont appris à oublier ce décor de misère pour comprendre et apprécier l'âme de leur ville.

Car c'est une âme véritable qui se cache derrière ce décor sinistre, celle des vieux « hiboux » du Plessis, comme ils se plaisent à se nommer ironiquement, eux les hommes des bois raillés des nobles gens de Sceaux, la brillante voisine.

Malgré la grisaille, malgré la chape de plomb qui écrase cette ville, les habitants ont une certaine fierté d'être robinsonnais, même si certains n'osent plus inviter des amis extérieurs à dîner, de peur de leur montrer un décor si sordide. D'ailleurs, et c'est significatif, beaucoup répondent quand on leur demande où ils vivent : « J'habite près de Sceaux ».

Avant eux, Le Plessis s'est construit autour de son clocher et de son château, où sont passés tant de nobles féodaux et de brillants écrivains.

Robinson s'est nourri de la gloire des guinguettes, qui attiraient chaque dimanche des milliers de Parisiens à la recherche de bon temps et d'air pur.

Comme dans toutes les villes, le passé qui forge son identité est généralement visible dans le tracé de ses rues, les façades des maisons qui la composent, la forme de ses places ou la couleur des toitures. Et cette accumulation de signes dessine finalement un visage, sourire ou ambition, goût de vivre ou tristesse, mépris ou attention de ceux qui l'ont transformée et l'habitent.

Le temps et l'incurie des hommes ont tendance à gommer ces traces du passé, mais la ville, plus encore que l'homme, possède des ressources extraordinaires et une capacité inouïe à renaître pour peu qu'on lui donne du sens et qu'on y mette les moyens adéquats.

La banlieue est une réalité, mais n'est pas une fatalité. Et j'ai voulu prouver que l'on peut sortir de la banlieue pour reconstruire la ville.

Le corps urbain est tout aussi complexe que le nôtre, mais sans doute plus robuste parce qu'il ne meurt jamais entièrement quand bien même il aurait perdu ses organes vitaux. D'une certaine manière, on pourrait le comparer à un grand arbre aux racines profondes dont le tronc, même mutilé, n'empêche pas les jeunes pousses de germer autour.

Est-ce grave, docteur ?

La fonction du maire, c'est de comprendre et de maîtriser cet espace, d'avoir une vue d'ensemble de ce corps tout en essayant d'en connaître chacun de ses aspects. Et s'il souffre, son rôle est d'établir un diagnostic, de trouver des remèdes et de les administrer au mieux. Il faut savoir repérer les éléments sur lesquels s'appuyer pour rebâtir l'ensemble.

La ville est ainsi parcourue par d'innombrables mouvements contradictoires et pourtant complémentaires, à la fois solides et vulnérables, riches en éléments dont les liens et les interactions sont multiples mais dont les conséquences ne sont pas toujours évidentes à évaluer.

Comme en médecine, les effets secondaires sont nombreux. Ainsi, ouvrir une voie de circulation ou détruire une barre d'immeubles, c'est la possibilité et le risque de transformer tout un quartier, de le rendre plus gai et plus sûr ou, à l'inverse, de l'isoler de l'ensemble. Prendre ces décisions et prévoir leurs effets, voilà le travail de l'élu.

Après avoir décidé du remède, le maire, tel un praticien, doit donc convaincre de la nécessité des soins, rassurer et renseigner ses administrés sur leur efficacité, et réunir les moyens nécessaires pour assurer la guérison sur le long terme. Il ne faut pas mentir, mais savoir faire partager sa vision du futur.

Faire cela, ce n'est pas toujours facile mais c'est aussi un grand plaisir, parce que discuter avec les Robinsonnais, c'est la seule manière possible de faire avancer les choses, de convaincre et de dissiper les doutes et les inquiétudes, c'est aussi ma manière d'avancer.

J'ai beaucoup parlé avec les Robinsonnais, beaucoup écouté, en notant sur mes fameuses petites fiches cartonnées la nature de la demande et le nom de la personne en attente de solution. Dès que je suis élu, j'ouvre une permanence dans mon bureau, une demi-journée pour recevoir mes administrés. Beaucoup y passent, pour me demander un service, un logement le plus souvent, mais aussi un emploi, un conseil. Certains sont surpris de constater qu'il n'est plus nécessaire d'exhiber sa carte du parti…

Personne, en dehors des autres élus, ne peut imaginer tout ce que l'on peut entendre dans le bureau, j'allais dire dans le cabinet, d'un maire. En ces temps où la famille est soumise à des difficultés souvent insurmontables, les permanences des élus se transforment en bureaux d'assistantes sociales ou de psychologues.

Un soir, en quittant ma permanence, une dame me dit machinalement : « Au revoir, Docteur ! ». Car s'il est possible de réparer la ville et de lui rendre la santé, elle a besoin d'un temps qui se compte en années, en décennies, à la hauteur de la gravité du mal. Il faut donc être constant dans la méthode et sûr de ses convictions, être prêt à affronter les opinions divergentes de ceux dont les intérêts vont dans le sens opposé et qui n'ont, parfois, pour but que de maintenir la ville en vie pour mieux en exploiter le corps souffrant.

Le Plessis-Robinson pour toutes ces choses n'échappe pas à la règle et quand je l'ai découverte, il me semble que la ville était dans cette situation, un état grave, un corps bien abîmé, mais des pousses dispersées çà et là qui m'ont donné de l'espoir et permis d'envisager un avenir.

Une situation assainie

Dès le 20 mars 1989, nous nous mettons au travail, d'arrache-pied, jour et nuit. J'ai la chance de pouvoir m'entourer de trois garçons qui ont à peine la trentaine, mais font preuve d'une redoutable efficacité : Gérard Lesuisse à la direction du cabinet, Bernard Gaillot à la direction des services, Pierre Prevôt-Leygonie à la communication. Le premier est impressionnant dans l'action, le second est un as du budget, le troisième est un stratège subtil. J'ai aussi la chance de pouvoir compter sur quelques cadres remarquables, totalement dévoués au service public et qui vont remettre la machine en marche.

Il nous faudra quatre ans pour retrouver des marges de manœuvre, une performance quand on sait que nous n'avons augmenté la pression fiscale que très modérément. En baissant de façon drastique les charges de personnel (de 58 à 43 % !), en renégociant la dette, en réduisant le fonctionnement au profit de l'investissement, nous remontons la pente de plus en plus vite, au fur et à mesure de l'arrivée de nouvelles entreprises et de l'augmentation des recettes foncières.

Et quelle satisfaction de voir en 2006 le journal *Challenges* nous attribuer la palme de la ville la mieux gérée des Hauts-de-Seine, quel chemin parcouru depuis le jour où nous avons trouvé les tiroirs et les caisses de la mairie totalement vides.

Chirurgie esthétique

« Le Plessis s'embellit, Le Plessis sourit ! »

C'est le slogan de notre toute première campagne de communication, conçue avec DB2A, l'agence de mon ami Pierre Bédier qui accompagne dès le début notre aventure. Et quand on l'affiche sur tous les murs, à l'automne 1990, la ville est bien loin d'avoir opéré la mue qu'on lui connaît aujourd'hui. Mais autant les élus que le personnel municipal, autant les habitants que les commerçants communient dans cette culture du mouvement et du changement, dans cette recherche d'idées pour rendre notre ville plus belle, plus accueillante, plus dynamique.

Monsieur Ripolin

Pendant toute ma campagne de 1989, j'ai annoncé le changement. Et je suis bien décidé à le mettre en œuvre, le plus vite possible. Mais je comprends vite que changer en profondeur cette ville prendra du temps et beaucoup d'énergie. Alors, en attendant de modifier l'urbanisme, il faut transformer le décor. L'entretien de la sinistrose était une spécialité du parti communiste, je vais au contraire mettre de la couleur et du bonheur sur tous les murs !

Pour marquer la différence, je commence par faire repeindre en blanc toutes les bordures de trottoir. C'est peu de chose, une bordure bien propre, mais c'est le début du changement. Mes adversaires me surnomment ironiquement Monsieur Ripolin, mais je n'en ai cure, j'ai gagné mon premier combat contre la misère !

La guerre du tag est engagée

Après les bordures, je m'attaque aux tags, ce fléau qui défigure nos villes et qui marque nos murs d'un sillon vengeur et angoissant. Face à l'intelligentsia qui prétend comme Jack Lang y voir une forme élaborée de l'art contemporain, ma réponse est simple : plus un tag sur les murs du Plessis-Robinson. Pour cela, je tourne beaucoup en ville, mes élus aussi. Dès qu'un tag est repéré, où qu'il se trouve, une brigade anti-tags se met en route et intervient avec tous les produits nécessaires pour faire disparaître le graffiti. Et plus l'intervention est rapide, moins le tagueur aura l'envie ou le plaisir de recommencer, tant de risque et de travail pour une œuvre si éphémère !

Mes prédécesseurs avaient cru bon de faire décorer les murs du marché par des fresques dont les formes au fil des années finirent par suinter de tristesse et de grisaille. Je commence donc par faire recouvrir par une couche de peinture les fresques du marché, avant de redécorer les murs façon halles de Baltard.

Mais les nouvelles normes européennes finissent par nous rattraper et nous obligent à démolir notre bon vieux marché. C'est l'occasion de faire reconstruire une belle halle à l'ancienne, dessinée par Jean-Christophe Paul toujours dans le style Baltard, qui reste la référence en termes d'architecture industrielle, un décor à la hauteur de ce qui est considéré comme le meilleur marché au sud de Paris !

Dites-le avec des fleurs !

J'ai été frappé en arrivant au Plessis-Robinson de constater que les nombreux espaces verts souffraient terriblement d'un manque de couleurs tant ils étaient pauvres en fleurs.

Je ne suis pas un professionnel du fleurissement, mais j'ai très vite adopté cet adage : « Les fleurs sont le sourire d'une ville ». C'est vrai, quand vous êtes reçu chez quelqu'un, vous apportez bien un bouquet de fleurs. Et quand une maîtresse de maison va recevoir des amis, ne dispose-t-elle pas des bouquets dans ses pièces de réception ? Eh bien, nous allons faire du Plessis-Robinson une ville accueillante, un véritable bouquet de fleurs.

Sous l'impulsion de mon ami et adjoint Jacques Perrin, spécialiste de l'horticulture, nous franchissons ainsi toutes les étapes du fleurissement départemental puis régional, en y consacrant chaque année un budget un peu plus important, mais somme toute raisonnable : pas plus du coût d'un beau bouquet par an et par habitant !

Les habitants sont aussi impliqués largement dans cet effort de fleurissement. Nous lançons un concours de fleurissement qui récompense chaque année la plus belle maison, le plus beau balcon, le plus beau jardin fleuri.

Avec les jardiniers de la ville, rien ne se perd, tout se partage : tous les bulbes remplacés sont distribués aux habitants, des cours de jardinage sont dispensés tous les printemps, nous diffusons gratuitement des composteurs à fabriquer des déchets verts, l'association Graines de Ville assure l'animation et les conseils d'entretien pour les centaines de jardins familiaux.

Des fleurs et une couronne

En dix ans, nous parvenons à grimper au sommet de la hiérarchie française en matière de fleurissement : labellisés

« 4 Fleurs », Grand Prix National de Fleurissement de printemps et d'automne, nous n'avons plus rien à prouver sur le plan national.

C'est alors que l'on nous propose de concourir pour le prix européen, en association avec un village de France, Oger-en-Champagne, charmant petit bourg de la côte champenoise, dont Pascal Desautels est le sympathique édile. Après mûre réflexion, nous acceptons de tenter l'aventure qui se révélera un formidable catalyseur de toutes les énergies.

Pendant toute l'année 2004-2005, la ville se prépare dans l'enthousiasme, des agents municipaux aux jardiniers amateurs, en passant par les bailleurs, les commerçants, les enfants des écoles. On plante, on taille, on repeint, on décore pour que le jour J de juillet, celui du passage des six jurés européens, notre ville brille de ses plus beaux atours. Et le 14 juillet, Le Plessis-Robinson se montre à la hauteur de sa réputation, transformé en un étonnant bouquet de couleurs. La récompense ne peut nous échapper : après Cahors, Hyères et Nancy, c'est Le Plessis-Robinson qui décroche avec Oger le Grand Prix Européen 2005 de Fleurissement, le plus beau trophée que l'on puisse imaginer !

Depuis, nous recevons régulièrement des délégations de techniciens du monde entier, de Chine en particulier, venues étudier les secrets de notre réussite.

Le souci du détail

Il paraît que je suis un garçon méticuleux. Il est vrai que j'ai le souci du détail, de tous les détails. Et j'ai ce même souci en ce qui concerne ma ville.

Rien n'est installé en ville sans que je l'ai choisi concernant le mobilier urbain, c'est-à-dire les candélabres, les poubelles, les panneaux indicateurs, les rambardes, enfin tout ce qui concourt à l'harmonie du paysage urbain. Et je n'oublie pas ce dont est faite la rue elle-même, pavé ou goudron, bitume rouge ou noir…

Ce n'est pas que je sois le seul à détenir la vérité du bon goût, mais j'ai le souci permanent de l'équilibre des formes et des couleurs. Ces détails donnent une unité à l'espace public, le rendent chaleureux, participent à le rendre sûr et accueillant.

Je veux que la rue soit en harmonie avec les bâtiments et le paysage.

Ainsi, nous changeons progressivement l'ensemble des éclairages de la ville et nous rénovons dans le même temps, rue par rue, la chaussée et ce qui l'accompagne. En continuité avec le reste de notre politique, notre attention est naturellement toujours portée sur les aspects écologiques et durables de ce mobilier : les conteneurs à verre sont systématiquement enterrés et la fonte des lampadaires est traitée contre les graffitis et la pose d'autocollants.

À bas les panneaux !

Dès mon arrivée, je constate que le paysage est défiguré par des panneaux publicitaires disgracieux, soit parce qu'ils sont mal placés, soit parce qu'ils font la promotion, à l'époque, du minitel rose. Qu'à cela ne tienne, on va les faire disparaître. Et je ne prends pas les annonceurs en traîtres : nous édictons un règlement de la publicité qui définit des zones interdites (nombreuses) et des zones autorisées (rares) et nous l'adressons à toutes les agences concernées, avec lesquelles nous avons travaillé en amont pour définir les besoins de chacun. Charge à elles de se mettre en conformité avec la réglementation, sinon… Tout le monde s'exécute, avec plus ou moins de bonne volonté. Je dois bien menacer quelques-uns de faire scier leurs panneaux par mes services techniques, mais enfin, voilà notre ville débarrassée de ces horreurs, définitivement, et dans tous les quartiers d'habitation, sans exception.

Château d'eau

C'est la même logique qui me conduit à faire poser des fontaines partout où cela est possible. La fontaine est un accessoire essentiel du paysage et de l'art urbain, un élément de vie et de sérénité, qui ne doit pas être réservé à la cour du château, mais partagé avec tous les habitants. Aujourd'hui, six nouvelles fontaines, toutes différentes, font le bonheur des passants.

L'eau est un élément essentiel de la vie, mais pas seulement à la campagne. Nous sommes dans les Hauts-de-Seine, mais nous n'avons pas la chance d'avoir vue sur la Seine. En revanche, Le Plessis a été de tout temps un château d'eau et les deux grands seigneurs qui ont possédé le fief, monsieur Colbert et le maréchal d'Artagnan, ont chacun fait creuser un étang. Sans prétention aucune, nous sommes allés plus loin puisqu'un premier étang habite les jardins de l'Hôtel de Ville et qu'une rivière intérieure va venir lécher les murs de la nouvelle Cité-jardins. Et comme l'eau est une denrée rare qu'il faut user avec parcimonie, nous mettons en place un système révolutionnaire de retraitement des eaux qui permettra d'alimenter la rivière sans autre complément extérieur que la pluie.

Travaux d'intérieur

Vous l'avez compris, le décor extérieur est pour moi quelque chose d'important, mais il ne faut pas croire qu'il est l'essentiel de mon combat pour le bien vivre. Car il ne faut pas que l'individu souffre outrageusement du contraste entre ce qu'il voit dehors et ce qu'il vit dans son cadre intérieur.

C'est pourquoi je décide, dès les premiers mois de mandat, de me battre pour obtenir de l'Office départemental ce que l'on appelle des grosses réparations. Ce sont des crédits destinés aux immeubles ne faisant pas l'objet d'une réhabilitation lourde ou d'une rénovation (reconstruction neuve) et qui permettent d'intervenir sur l'ensemble des résidences. Car ce serait injuste de dépenser des milliards sur la Cité-jardins et d'oublier les nombreux habitants qui vivent dans des résidences peut-être moins sordides, mais qui méritent pourtant un effort d'entretien.

Dans la mesure où Le Plessis-Robinson a été pendant des années largement privé de crédits, j'obtiens de l'Office départemental HLM et du conseil général une enveloppe de 85 millions de francs (13 millions d'euros) par an et pour huit ans de travaux !

Je peux vous dire que je veille moi-même à l'utilisation de ces crédits. Quand il s'agit d'intervention sur les façades, j'ai obtenu de choisir moi-même les couleurs, choix que je confie à un spécialiste en décoration, Charles-Éric Seyer, qui maîtrise parfaitement l'harmonie des tons et des matériaux. Et quand l'Office intervient dans les cages d'escalier ou à l'intérieur des appartements, je repasse derrière pour vérifier si les boîtes aux lettres sont bien posées, si la nouvelle installation électrique et l'implantation des prises donne satisfaction. Mon passage à l'Office m'a donné suffisamment de connaissances pratiques pour ne pas me laisser embrouiller par un chef de chantier et je prends un véritable plaisir à ces contacts de terrain qui devraient être le lot quotidien d'un élu local. On me taxe d'interventionnisme, mais cela ne me fait ni chaud ni froid : ce qui compte, c'est la satisfaction des locataires. Je me souviens d'un débat que nous avons eu sur les nouvelles baignoires posées par l'Office qui étaient jugées impraticables par certaines personnes âgées n'ayant plus la souplesse suffisante pour les utiliser. J'ai même envoyé mon directeur de cabinet vérifier par lui-même pour exiger de l'Office que la baignoire soit remplacée par un bac à douche.

Pour moi chaque détail compte et je suis très attaché à ce que personne ne soit oublié ou traité à la légère, parce que chacun a droit à la même qualité de vie et de services, c'est une question de respect.

Respirer l'air à pleins poumons

Le poumon vert

Sur 344 hectares, un tiers d'espaces verts, boisés ou plantés. À quelques six kilomètres de la capitale, voilà un véritable poumon vert pour Le Plessis-Robinson, délivrant de la chlorophylle en abondance, mais pas toujours accessible au promeneur avide de grand air.

En 1989, le bois de la Garenne appartient au ministère des Finances et il est en friche. Le bois de la Solitude appartient au ministère des Affaires sociales, mais il est fermé au public car il abrite des ruines dangereuses. Le parc du Moulin Fidel, avec sa maison de maître, a été racheté à prix d'or par la municipalité communiste, mais nous n'avons pas les moyens de l'aménager pour le public.

Quinze ans plus tard, il n'y a plus un espace boisé dans la ville qui ne soit accessible.

Nous avons fait racheter et aménager par le département le bois de la Garenne, le bois de la Solitude et une grande partie du parc du Moulin Fidel. Ainsi, les Robinsonnais en ont la jouissance grâce à Charles Pasqua et aux moyens du conseil général.

Ce qui nous a permis de créer de nouveaux espaces verts, le jardin de Robinson, les jardins de l'Hôtel de Ville, le jardin de l'Orangerie, le parc de Sertillanges. Au moins 10 % d'espaces verts en plus, 10 % de bon air supplémentaire.

Sans compter les jardins ouvriers qui ont été transformés en jardins familiaux. Il y en a 200 aujourd'hui, il y en aura 300 demain, et les listes d'attente s'allongent de jour en jour.

Chaque ville a, dans l'histoire urbaine, inventé une relation avec la nature. La ville haussmannienne a donné un visage végétal à l'espace public avec des plantations d'alignement et la trilogie square-parc-bois. Nous la revendiquons pleinement au Plessis-Robinson en y rajoutant cette dimension de cité-jardins, car la nature s'inscrit chez nous dans chaque perspective.

Il y a quelques années, certains surnommaient ironiquement notre ville « Le Vésinet du pauvre ». Aujourd'hui, c'est au Plessis-Robinson que se déplacent des urbanistes, des paysagistes de tous les pays pour comprendre comment une commune a pu procéder à une telle transformation, grâce à une rigueur dans la démarche et un souci constant d'offrir aux Robinsonnais le meilleur de leur ville.

Un poumon économique en pleine expansion

Une commune tire ses ressources, outre de la dotation globale de fonctionnement versée par l'État, de trois ressources principales : la taxe sur le foncier bâti, la taxe d'habitation et la taxe professionnelle. Quand cette commune s'appelle Le Plessis-Robinson et qu'elle compte 75 % de logements sociaux, qu'un habitant sur deux n'est pas assujetti à l'impôt sur le revenu, elle ne peut compter que sur la taxe professionnelle pour se donner des marges de manœuvre. C'est ce qu'étaient incapables de comprendre mes prédécesseurs, trop occupés à manifester avec les salariés de la zone industrielle contre les patrons « liquidateurs ».

Bien entendu, je prends immédiatement le contre-pied de cette démarche en ouvrant le dialogue avec les chefs d'entreprise des zones d'activités et surtout en m'imposant comme un interlocuteur indispensable dans toutes les opérations d'implantation de nouvelles entreprises. C'est ce qui me permet d'être un acteur moteur dans la venue de Bouygues Télécom (1997), de Renault (2002) et de MBDA (2007). Au total, près de huit mille emplois qui se sont installés dans notre ville, avec toutes les retombées financières, économiques et commerciales induites.

Les effets pervers de l'intercommunalité

Quand j'accepte d'entrer en 2002 dans l'intercommunalité organisée autour d'Antony, c'est pour me protéger d'une possible décision préfectorale incluant de force ma commune dans un ensemble intercommunal dans lequel je me sentirais prisonnier. Et l'on peut imaginer que dans cette intercommunalité présentée comme *a minima*, se trouvent quelques économies d'échelle permettant d'offrir à nos habitants une meilleure qualité de service et à un coût moindre. Mais je réalise, au fur et à mesure des décisions budgétaires, que l'intercommunalité n'est qu'une construction technocratique de plus, destinée à réduire la liberté de manœuvre des élus locaux et, à terme, faire disparaître les libertés communales dont nous avons hérité du Moyen Âge et qui font la richesse du modèle politique français. Et cela, je vais m'y opposer de toutes mes forces, parce que j'ai le sentiment profond que c'est une menace contre l'identité communale autour de laquelle nous avons construit nos villes.

Après la Charte d'Athènes qui a éclaté la ville, après le traité de Nice qui a dénaturé l'Europe des nations, va-t-on se laisser dévorer par les chartes intercommunales qui vont introduire la spécialisation des communes, à moi les entreprises, à toi les HLM, le tout sous la férule d'un président d'agglomération élu au suffrage universel direct ?

Cette idée fait son chemin dans les cerveaux de nos technocrates qui savent qu'en tuant la commune, ils achèveront leur prise de pouvoir commençant à Bruxelles, se poursuivant à Bercy et visant à s'étendre dans les moindres réduits du territoire français.

Greffe de cœur réussie

Un centre endormi

Le diagnostic est clair : le principal mal dont souffre Le Plessis-Robinson en 1989 est l'absence d'un vrai centre-ville. Bien sûr, il existe bien un quartier portant ce nom, autour de l'église et du château. Mais l'église trop petite n'est plus utilisée qu'exceptionnellement – les autorités ecclésiastiques ont construit dans les années soixante sur le plateau un édifice moderne particulièrement navrant – et la cloche ne rythme plus la vie d'un quartier endormi depuis la fin de l'Ancien Régime. Une rue de la mairie avec seulement deux commerces – deux restaurants – une poi-gnée d'habitants, pour la plupart vivant dans la pittores-que cour commune sortie tout droit du Moyen Âge, un parking pour desservir l'hôtel de ville, et quelques équipe-ments publics : un stade vieillot, un centre de loisirs ins-tallé dans une maison de maître du XVIIIe, un centre municipal de santé, un groupe scolaire des années trente, le tout enfermé entre deux avenues très roulantes, sur les-quelles nous intervenons très régulièrement pour relever les blessés et hélas parfois les morts.

À géométrie variable

Pendant la campagne électorale, nous avions réfléchi avec un ami architecte, Lionel Carli, sur la problématique du centre-ville dont chacun sentait qu'elle était stratégique.

Les communistes argumentaient sur le fait que le centre-ville était nécessairement au cœur de la cité haute, autour du marché qui était effectivement l'unique lieu de vie de la commune, et encore trois fois par semaine seulement.

Nous avions plutôt travaillé sur un projet de centre autour de la place de la Résistance, faisant la liaison entre le vieux Plessis et la cité-jardins.

Mais chacun sent bien que tout cela n'était pas satisfaisant et que rien ne permet de construire un projet cohérent et viable financièrement.

C'est alors qu'à l'initiative de mon directeur de SEM, Guillaume Fenet, je rencontre François Spoerry.

François Spoerry et l'architecture douce

Comme beaucoup de monde, je connaissais un peu Port-Grimaud pour y avoir pris un verre un soir d'été pour une escale entre deux bords. Je n'avais pas pour autant compris que derrière le pittoresque d'une ville-marina, il y avait la démarche cohérente de l'architecture douce, celle qui veut se fondre dans un environnement culturel et spatial plutôt que de marquer une différence. Celui qui pratique l'architecture douce ne cherche pas à laisser sa trace dans l'histoire architecturale d'une ville, mais au contraire à plonger dans les racines d'un territoire pour mieux en dessiner l'avenir.

François Spoerry a créé un concept génial et merveilleusement simple, l'architecture douce :

« qui répond exactement aux désirs des hommes de ce temps du retour à la nature… Il faut retrouver les traits communs, les références familières, les caractéristiques indissociables de la notion de cité, de village… L'architecture doit être rassurante et aider les individus à s'épanouir et à vivre ensemble ».

« Votre Cœur de Ville est ici »

François Spoerry vient donc rencontrer le jeune maire du Plessis-Robinson qui rêve de redonner un cœur à sa ville. Et après avoir tourné avec moi dans les rues, il s'exclame en découvrant le site du vieux Plessis :

« Mais votre Cœur de Ville, c'est ici qu'il doit naître ! »

C'est tellement lumineux que seul un maître comme lui pouvait y penser. Le cœur historique est là bien sûr puisque la paroisse de Plessiacus y est née il y a 850 ans. Le cœur géographique est là aussi puisque la place de la Mairie est exactement au carrefour des diagonales nord-sud et est-ouest, comme des axes routiers qui traversent la ville et la relie à ses communes voisines. À la jonction de la ville haute et de la ville basse, il est là, notre Cœur de Ville et il suffit presque d'en rêver pour le voir réalisé.

Rattraper l'histoire

Trois mois plus tard, François Spoerry revient avec le plan du Cœur de Ville. Il a dessiné ce projet pour les Robinsonnais comme s'il leur avait dessiné une maison. Il ne l'a pas dessiné avec sa raison, mais avec son cœur. Il a imaginé un plan sur lequel les rues, les places, les jardins, les bâtiments publics et privés sont dessinés et mis en perspective, avec un souci du détail extraordinaire. Un véritable quartier de ville, tel qu'il se serait développé naturellement au XIXe et au XXe siècles si Le Plessis-Robinson avait connu une croissance normale, par cercles concentriques autour du village originel.

J'adhère immédiatement à la démarche. Mieux que cela, je prends conscience que ce Cœur de Ville est vital, comme peut l'être une greffe de cœur à l'hôpital Marie-Lannelongue. À partir de ce plan, nous faisons réaliser, grâce au talent de l'atelier d'Yves Juhel à Champigny, une superbe maquette de quatre mètres sur deux qui sera pendant dix ans notre argument de vente numéro un.

Car il a fallu dix ans entre l'idée géniale de Spoerry et l'inauguration du quartier, un soir de décembre 2000.

Les obstacles furent multiples, les imprévus nombreux, mais nous n'avons jamais cédé au découragement, persuadés que ce projet était indispensable au Plessis-Robinson, à la rédemption de la ville.

Retrouver le commerce de proximité

Construire un Cœur de Ville de toutes pièces est une véritable gageure, peu de maires s'y sont confrontés. Cela est encore plus vrai au début des années 90, quand l'urbanisme est encore dominé par le schéma des villes nouvelles, symboles des années soixante, et le développement irrésistible des centres commerciaux qui, malgré la loi Royer, annoncent la mort programmée du petit commerce.

Et pourtant, j'ai toujours eu le sentiment profond qu'il n'y a pas de fatalité, que les Français ont gardé la nostalgie du commerce de proximité, que l'on peut trouver un modèle économique viable pour un commerce de centre-ville concentré, diversifié, organisé.

Pas question de lancer un programme commercial qui conduise, comme dans tant d'autres villes, à la prolifération des fripiers ou à l'alternance répétitive des agences bancaires et immobilières.

Maîtriser tous les outils

Le Cœur de Ville dont j'ai rêvé, j'ai tenu à le maîtriser totalement, sur le plan financier, juridique, architectural et commercial.

En prenant la direction de la mairie, j'ai pris également celle de la SEMPRO, une petite société d'économie mixte pouvant devenir le bras armé d'une politique d'aménagement urbain.

Dans un premier temps, cette structure, plombée financièrement par l'opération immobilière désastreuse du Bois Brûlé, est plutôt un bras cassé qu'un bras armé.

En quelques années, j'en fais une structure légère d'une redoutable efficacité : en quinze ans, à quatre personnes, la SEMPRO aura aménagé trente-six hectares, soit plus de 10 % de la superficie du Plessis-Robinson, dont le fameux Cœur de Ville.

La procédure de ZAC, que nous lançons en 1991, donne à notre SEM les outils juridiques pour le contrôle et l'attribution du foncier.

La mission d'architecte en chef confiée à François Spoerry, malheureusement décédé en 1999, puis à Xavier Bohl, son successeur et héritier spirituel, m'a permis d'assurer la maîtrise architecturale du projet sur les équipements publics et les constructions privées, tenus de respecter un cahier des charges imposant un style, des matériaux, des couleurs.

Avec la SEMPRO, nous avons pris en main, en partenariat avec l'agence SOPPEC, l'approche commerciale des magasins, afin d'imposer à la fois des règles esthétiques et une variété suffisamment attractive : boulangers, restaurants, primeurs, coiffeurs, pressing, fleuristes, et bien sûr les inévitables agences immobilières et bancaires.

Un quartier de ville

Ce Cœur de Ville, nous l'avons pensé non pas comme une émanation de la banlieue, mais comme un véritable quartier de ville.

Et qui dit ville, dit densité. L'urbanisme que nous avons imposé est un urbanisme de rues, avec des voies partagées entre automobilistes et piétons, des places et des squares, des façades au-dessus des trottoirs, avec des hauteurs de quatre à cinq étages au plus qui restent à l'échelle humaine. La densité ? Ce n'est pas le problème quand elle est pensée, organisée, assimilée.

Franchement, qu'est-ce qui est le plus générateur d'angoisse ? La petite rue des Canettes à Paris avec ses immeubles de cinq étages ou la vaste dalle de Grigny II balayée par le vent ?

Ce n'est pas la densité qui crée le mal-vivre, c'est au contraire le vide, l'absence de repères, l'urbanisation en goutte d'huile.

La peur de la densité

L'urbanisation incontrôlée de l'après-guerre a créé chez les Français une crainte irraisonnée de la densité. Et pourtant, pendant des siècles, la ville a été symbole de sécurité, de confort et de qualité de services. Mais depuis cinquante ans, le modèle urbain reste le pavillon dans un lotissement, et le repoussoir le grand ensemble, et par extrapolation la tour et l'immeuble !

L'enquête réalisée en janvier 2007 par TNS-Sofres pour l'Observatoire de la Ville confirme ces tendances. 65 % des personnes interrogées pensent que la densité est quelque chose de négatif, parce que véhiculant insécurité et anonymat.

C'est donc très clair : la banlieue a tué la ville !

Car la même enquête montre bien ce paradoxe : 76 % des Français ont une préférence pour l'habitation individuelle, isolée ou en lotissement, mais ce sont les mêmes qui réclament des services de proximité (commerces, écoles, médecins).

La solution est-elle celle d'Alphonse Allais qui réclamait que l'on « construise des villes à la campagne ? » Je crois plutôt qu'il faut que les citoyens se réapproprient la ville.

Réconcilier l'homme et la ville

La ville est le creuset de la civilisation alors qu'on en a fait le lieu de toutes les incivilités. En réintroduisant dans la ville l'harmonie, la beauté, l'équilibre des formes et des couleurs, le respect des lieux et des hommes, on peut réconcilier le citoyen avec la cité. La ville de demain devra rapprocher les hommes.

De toute façon, nous n'avons pas le choix : les contraintes économiques et environnementales ne nous permettent plus de laisser l'urbanisation se développer en goutte d'huile. La densification est nécessaire aujourd'hui pour répondre aux enjeux de demain : l'accès aux équipements, la proximité des services, la question des transports, le coût des circulations.

Tout le monde s'accorde aujourd'hui à reconnaître les limites du développement des lotissements et l'échec des villes nouvelles qui ont fleuri autour de Paris.

Avez-vous déjà essayé de trouver le centre-ville de Saint-Quentin-en-Yvelines ou de Marne-la-Vallée, les villes modèles des années 60 ? Vous ne les trouverez pas, nécessairement, puisque ces villes, si on peut les appeler ainsi, ont été volontairement privées de centre et donc de repères, alignant désespérément des rues qui se ressemblent et qui portent toutes les mêmes noms d'une commune à l'autre, de l'avenue Paul Vaillant-Couturier à la rue des Bleuets.

Retrouver ses repères

La loi SRU de 2001 fait le constat de cet échec et pose le principe que la ville dense est une ville qui répond aux objectifs du développement durable : respect de l'environnement, efficacité économique et réponse aux attentes sociales.

Dans la ville occidentale traditionnelle, tout l'espace est orienté vers le centre-ville, alors que les villes nouvelles de banlieue n'ont pas d'orientation, elles ne sont qu'une collection d'objets hétéroclites. Pourtant, des villes nouvelles, il y en a toujours eu : Lisbonne après le tremblement de terre de 1755, Versailles au XVIIe siècle, Richelieu en Touraine, ont été construites de façon cohérente, sur des modèles de ville reconnaissables, ayant fait leurs preuves, issus de notre culture et de nos traditions occidentales.

Alors la densité, je la revendique dans notre Cœur de Ville, parce qu'elle fait partie intégrante de la ville qui trouve son charme dans les rues étroites, les placettes, les passages, les mètres carrés de verdure arrachés à la pierre. Quand vous êtes rue du Pot-qui-Mousse ou passage de l'Escargot d'or, deux noms d'anciennes guinguettes, vous êtes nécessairement au Plessis-Robinson et nulle part ailleurs !

Pas de titre de propriété

Un vrai problème pour créer notre Cœur de Ville : nous avons un concept, un site, mais nous n'avons pas de titre de propriété. En effet, le propriétaire des terrains du centre-ville est… l'Office départemental HLM, qui possède plus de 40 % du foncier du Plessis-Robinson. Même l'Hôtel de Ville, notre château d'Artagnan, nous est loué par l'Office, un paradoxe de plus, et même une situation insupportable pour un maire digne de ce nom !

Enfin chez soi !

Pour réaliser l'opération, il nous faut donc acheter le terrain et revendre des droits à construire à des aménageurs tenus de respecter les contraintes fixées par la ZAC et l'esprit du projet de Spoerry. Les marges financières réalisées doivent permettre de financer la voirie et la construction des équipements publics (parking, école, centre de santé, crèche…).

L'objectif est de pouvoir équilibrer financièrement l'opération, voire de dégager quelques bénéfices pour la commune, ce qui n'est jamais acquis, beaucoup de municipalités peuvent en témoigner.

Je vais donc au culot voir les dirigeants de l'Office HLM départemental, mes anciens patrons, pour leur demander de nous vendre le terrain du Cœur de Ville.

Après d'âpres et longues négociations, quelques mois plus tard, Patrick Balkany, président de l'Office et Didier Schuller, son directeur général, viennent en mairie pour signer l'acte de vente. Ils font preuve dans cette affaire d'un grand sens de l'intérêt général et vont jouer un rôle clé pour l'avenir de cette ville, reconnaissons-le.

Qui aurait misé un centime ?

Une fois chez moi dans notre mairie et dans notre centre-ville, il faut maintenant revendre les droits à construire. Et à ce moment, après quarante ans d'oubli, Le Plessis-Robinson n'est guère « commercialisable ». Une ville sinistrée, une pression fiscale élevée, des équipements délabrés, pas de transports en commun rapides, qui aurait misé un centime sur Le Plessis-Robinson ?

Le premier à y croire est Pascal Lorenzetti, alors patron de Franco-Suisse. Il achète immédiatement un premier terrain pour y faire construire la résidence de Montesquiou, qui restera, pendant près de cinq longues années, la seule du nouveau Cœur de Ville…

Le combat politique

Le lancement du projet de Cœur de Ville donne lieu à un bras de fer terrible avec mes adversaires politiques.

Il faut dire que les socialistes comme les communistes ont cru pendant quelque temps qu'ils parviendraient à reprendre cette ville qu'ils pensaient tombée à droite par accident, quitte à récupérer le pouvoir par voie de justice ou par la rue.

L'épée de Damoclès

Dès l'annonce de la perte de la ville, les communistes déposent un recours contre le résultat de l'élection, arguant du fait que les électeurs auraient été influencés dans les bureaux de vote par la pression de gros bras placés là par le candidat RPR. Pour donner corps à leurs allégations, plusieurs présidents communistes de bureaux de vote ont surchargé à la hâte les procès-verbaux déjà signés pour signaler des soi-disant incidents dont ils auraient été témoins.

Avec seulement 57 voix d'avance sur plus de 6 000 suffrages exprimés, le moindre incident avéré risque de remettre en cause la victoire acquise dans les urnes.

Heureusement, la justice fait honnêtement son travail et diligente une enquête de police pour vérifier les propos tenus par les témoins cités dans le mémoire en annulation déposé par le parti communiste.

Et l'enquête prouve que les seuls témoins d'incidents dans les bureaux de vote sont tous recensés publiquement dans le Comité de soutien de Robert Gelly.

C'est ainsi que le 14 juin 1989, le résultat de l'élection est confirmé et les tricheurs condamnés à une perte de droits civiques.

Deuxième victoire, presque aussi forte et aussi belle que celle du 19 mars.

Référendum sur le trottoir

Déboutés, condamnés, les communistes n'ont pas renoncé pour autant à reprendre le contrôle de cette ville dont ils s'estiment propriétaires *ad vitam aeternam*.

C'est pourquoi ils organisent, quelque temps après, un référendum de rue pour mettre en cause la politique d'urbanisme municipale. Dans chaque quartier, des bureaux de vote sont installés sur le trottoir et les pétitionnaires défilent pour signer. Mais dans la file des signataires de la cité basse, il y a un de nos militants, accompagné d'un huissier. Il présente ses papiers et émarge sur le cahier qui lui est présenté en face de son nom dûment inscrit. Dix minutes plus tard, dans un autre quartier, le même militant vote à nouveau, sans aucune difficulté, sous les yeux de l'huissier. C'est gagné, cette parodie de démocratie a perdu toute sa valeur, il suffit de le faire savoir.

Le lendemain, avant même que le PC n'annonce ses résultats, le constat d'huissier prouvant que l'on pouvait voter plusieurs fois est distribué dans toutes les boîtes aux lettres. Le référendum populaire est mort-né.

Le choix du changement

Le PC ne s'en remettra jamais. Il tentera bien une dernière percée en 1995 en sortant de son tiroir une certaine Marie-Georges Buffet, une fidèle de Robert Hue.

Balayée dès le premier tour des municipales de 1995 (62 % pour ma liste, contre 21 % au PS et 17 % au PC), elle sera propulsée en 1997, à la surprise générale, ministre des Sports après avoir été parachutée dans une circonscription électorale plus à sa mesure, la Seine-Saint-Denis. En attendant, Le Plessis-Robinson a effectué une véritable révolution politique. En six ans, la population qui votait aux deux tiers à gauche a basculé aux deux tiers dans mon camp, au-delà de toutes les étiquettes politiques. Le message est clair et sans ambiguïté : il faut poursuivre cette politique du changement qui est en train de transformer la ville.

Pourquoi tant de haine ?

Si la gauche a cédé en façade, elle a continué à agir en sous-main, par le biais d'une association du nom de P.L.E.S.S.I.S. Sous prétexte de lutter contre l'urbanisation sauvage, celle-ci se lance dans une guerre de tranchée, attaquant toutes les délibérations et les documents d'urbanisme, avec une constance et une opiniâtreté hors de propos.

Mais pourquoi tant de haine ? Pourquoi des soi-disant défenseurs de l'environnement se dressent contre l'architecture douce alors qu'on ne les a pas entendus quand la Cité-jardins a été dénaturée plusieurs fois, dont la dernière en 1992 ?

Est-il normal qu'une association qui ne représente qu'elle, qui n'a aucune légitimité populaire, qui ne doit son statut qu'au fait qu'elle ait été « agréée », puisse bloquer tous les dossiers, retarder la réalisation de projets des élus du suffrage universel, sans aucune limite ?

C'est pourquoi j'ai attaqué en responsabilité financière les dirigeants de l'association, pour les obliger à assumer les conséquences de leurs actes, quand on sait combien coûtent au contribuable les mois et les années perdus par la commune à porter des terrains sans pouvoir les vendre.

Grâce à la force de notre projet et aux compétences juridiques de Cécile Dublanche, notre responsable urbanisme, qui a défendu nos positions pied à pied, nous finissons par désamorcer tous les recours et décourager nos opposants qui n'auront réussi qu'à nous faire perdre du temps et faire perdre de l'argent au contribuable robinsonnais.

Un plan marketing

Pour vendre la ville, nous mettons donc en place, avec mes collaborateurs, un véritable plan marketing. De mes études, j'ai retenu l'essentiel : pour choisir un produit, il faut le connaître, lui faire confiance avant de l'acheter. Si personne ne connaît le nom du Plessis-Robinson, personne ne s'y intéressera. Et pour ceux qui la connaissent, si l'image de notre ville est négative, ils n'auront pas envie d'y investir.

C'est donc avant tout un problème d'image. Et en 1990, toutes les études montrent qu'en dehors des habitants des communes voisines, personne ne connaît Le Plessis-Robinson et que les habitants des villes voisines qui disent la connaître en ont une image négative.

Il n'y a plus qu'à se retrousser les manches et chercher dans le vécu et les potentialités du Plessis-Robinson les éléments positifs qui pourraient être exploités.

La nostalgie de la Belle Époque

Les guinguettes sont bien évidemment la première idée qui nous vient à l'esprit. Il faut quand même se rappeler que

Robinson était il y a un siècle connu pour ses guinguettes à travers toute la France et même à travers l'Europe entière, puisque l'on dit qu'elles ont reçu la visite du prince héritier de Russie. Quoi qu'il en soit, les guinguettes n'ont guère survécu à la Libération, chassées par la mode yé-yé et l'urbanisation des banlieues. En 1989, toutes ont fermé leurs portes et elles ne sont qu'une poignée à être encore debout.

Qu'à cela ne tienne, nous allons les faire revivre, ne serait-ce que le temps d'une journée… C'est ainsi que la fête des Guinguettes est née en juin 1990, avec ses costumes Belle Époque, ses bals musette, son marché 1900, ses vedettes populaires. Dix mille visiteurs la première année, quinze mille la suivante, trente mille aujourd'hui, sa réputation franchit rapidement les frontières de la commune et l'on voit aujourd'hui des cars arriver de loin.

Avec la tradition, il fallait aussi une image de modernité et notamment celle du sport. Je voulais que la ville renoue avec la victoire, je voulais une ville championne dont on parle autrement qu'à propos de ses barres d'immeubles et de ses quartiers difficiles.

Champions de France !

Mais acquérir une visibilité par le sport coûte cher à une ville et nos ressources étaient limitées. Nous avions au Plessis-Robinson quelques clubs au-dessus du lot, le volley-ball, l'athlétisme et le football américain, dont l'équipe des Sphinx faisait partie de l'élite nationale. Si nous voulions devenir champions de France dans une discipline, c'était sur ce sport qu'il fallait investir.

Et nous l'avons fait. Nous avons trouvé des sponsors et augmenté la subvention du club afin de lui permettre d'acquérir quelques joueurs américains de bon niveau.

Nous avons créé au Parc des Sports un terrain de football américain en surface synthétique unique en France. Soutenue par sa ville, fusionnée avec les Castors, notre équipe joue une première finale du championnat de France avant de le remporter en 1994. Nos Sphinx Castors vont dominer le championnat et briller en coupe d'Europe, où nous les avons accompagnés jusqu'en demi-finale.

Les Guinguettes sur TF1, l'intégrale de la finale du Bouclier d'argent du football américain sur France 3, tradition et modernité et voilà Le Plessis-Robinson qui ressort de la nuit et se retrouve dans les médias.

Séduire pour faire aimer

Mais le combat n'est pas gagné pour autant. La crise de l'immobilier qui frappe la France en 1992-1993 n'épargne pas Le Plessis-Robinson. Des centaines de programmes sont « plantés » en région parisienne, les prix de vente sont trop élevés, les acheteurs boudent cette ville trop peu connue.

Il faut alors mettre les grands moyens. Associés à tous les promoteurs qui croient au projet, nous lançons une grande campagne de promotion du Plessis-Robinson. Panneaux d'affichage 4 x 3, brochures de présentation de la ville distribuées dans des centaines de milliers de boîtes aux lettres entre le XVe arrondissement de Paris, Versailles et Antony. Tout est fait pour donner aux acheteurs l'envie de prendre leur voiture et de découvrir cette ville. Dans le parc de la Mairie, une gloriette d'exposition abrite notre maquette, notre rêve de ville...

Et peu à peu, les acheteurs arrivent, accueillis par mon adjoint à l'urbanisme, Gérard Podvin-Trimardeau, qui leur présente la ville et ses atouts. D'abord des Robinsonnais, désireux d'investir dans leur ville. Puis des habitants de Clamart, de Châtenay, de Fontenay, charmés par la verdure et le style architectural. Enfin les clients arrivent de plus loin, de Paris ou de la proche couronne, dans l'idée de s'agrandir.

Par une belle nuit de décembre 2000, nous pouvons enfin inaugurer ce nouveau quartier, avec ses habitants et ses commerces ouverts. Sur la Grand'Place, entouré par des milliers de Robinsonnais qui ont bravé la nuit glacée pour partager ce moment d'émotion, je savoure cet instant et la dimension du chemin parcouru.

La ville, c'est la vie

Aujourd'hui, le Cœur de Ville est pratiquement achevé dans sa totalité. Il compte 2000 habitants, propriétaires, locataires dans le privé ou dans le logement social qui représente 10 % des logements construits. Autour de l'Hôtel de Ville, un centre administratif, deux écoles neuves, une crèche, un centre de loisirs, un gymnase, un centre municipal de santé, un bureau de poste, tous flambant neufs. Trois jardins publics, un étang, des ruisseaux, des fleurs, des oiseaux. Une vingtaine de commerces entre la Grand'Place et la Grande Rue, des restaurants, un hôtel, des terrasses, la vie, la ville qui revit.

Je sais que certains me reprochent de faire du pastiche, que d'autres l'ont surnommé Disneyland. Mais je n'en ai cure, parce qu'à travers ce Cœur de Ville, c'est la vie qui a repris ses droits au Plessis-Robinson. La vie, c'est la variété des couleurs et des immeubles. La vie, c'est l'harmonie des façades et le désordre des détails. La vie, c'est la terrasse de café bondée dès les premiers rayons de soleil. La vie, ce sont les enfants dont les voix s'élèvent depuis la cour de l'école. La vie, c'est la cloche de Saint-Jean-Baptiste qui a recommencé à sonner les heures et qui rythme le temps retrouvé d'un village d'Ile-de-France.

Offrir du beau à tous

Certains me font le reproche d'avoir construit un quartier de riches. C'est ce que j'entends un jour de la bouche d'un jeune de la cité qui flâne dans le quartier. Je rétorque :

« – Vous vous trompez, regardez cet immeuble qui ressemble aux autres. Eh bien, c'est un immeuble HLM.

– Peut-être, me lance-t-il, mais c'est un HLM pour riches ! »

Propos révélateur, s'il en est. Pourquoi le beau devrait-il être réservé aux riches et les gens modestes devraient-ils se satisfaire d'une architecture triste et au rabais ? Ce sera désormais un de mes combats : offrir du beau à tous, quel que soit le quartier ou la condition sociale, une même architecture de qualité, une architecture qui leur apporte bien-être et équilibre, une architecture qui les serve et non qui les desserve.

Ringard, et alors ?

Je reçois un jour dans mon bureau un architecte, un de plus, qui déploie des trésors d'énergie pour m'expliquer que son projet moderniste apportera toutes les réponses à la crise urbaine. Et je déploie des trésors de diplomatie pour lui faire comprendre que j'attends de lui un projet qui s'intègre dans le paysage d'Ile-de-France, à partir des formes harmonieuses correspondant aux attentes des habitants. Il m'interrompt pour me lancer : « Mais si c'est du ringard que vous voulez, dites-le moi, je vous ferai du ringard ».

« – D'accord, je suis un maire ringard. Je l'assume parfaitement mais maintenant, vous prenez la porte de mon bureau ! »

L'opération ratée des phases 1 et 2 de la Cité-jardins

Un enjeu national

Je suis maire depuis quelques mois quand je dois gérer le dossier le plus complexe de mon mandat : l'avenir de la Cité-jardins.

La Cité-jardins du Plessis-Robinson, ce sont 1 800 logements construits entre 1925 et 1935, dans un état de délabrement avancé. C'est le fruit d'un bras de fer de plusieurs décennies entre le propriétaire, l'Office départemental HLM et la municipalité communiste. C'est un enjeu politique et symbolique national. En effet, malgré l'état de décrépitude de certains des immeubles, les bâtiments ont été inscrits au patrimoine par l'État comme tous ceux des cités-jardins, ce qui oblige à passer par l'architecte des Bâtiments de France pour tout projet de réhabilitation ou de rénovation. Et pour couronner le tout, le Président Mitterrand, survolant le site en hélicoptère avec Roland Castro, se serait exclamé : « Ce site est un endroit magique ».

Le paradis ou l'enfer ?

Pour le moment, les actuels habitants de ce « paradis » vivent l'enfer en attendant des travaux qui n'arrivent jamais. Il y a bien eu un îlot-test achevé en 1988, mais cette expérience architecturalement discutable n'a pas eu de suite.

Pour avoir arpenté les rues du quartier et discuté avec des centaines d'habitants, mon opinion est faite : la plupart de ces bâtiments doivent être démolis pour être reconstruits, l'intérêt architectural, la qualité de la construction ne justifient pas d'une réhabilitation aussi difficile que coûteuse.

Ce n'était pas au départ l'avis de l'État, les responsables de l'Office départemental partageant eux ma position.

Après des mois d'études, de tractations, d'hésitations, la décision tombe : la cité haute va être rénovée, c'est-à-dire démolie et reconstruite, à l'exception des pavillons qui sont conservés et de deux rues, Kellog et Raye Tortue, pour lesquelles la décision est suspendue. La cité basse, la plus intéressante sur le plan de l'architecture et du respect du projet originel de Payret-Dortail, va être réhabilitée pour l'essentiel, à l'exception d'une partie de la place de l'Auditorium qui sera reconstruite à l'identique.

La résistance des intellectuels

C'est globalement une victoire pour la position que je défends, sous réserve du gel du secteur Kellog-Raye Tortue, devenu le bastion de la résistance communiste, soutenu par un quarteron d'intellectuels de gauche. Ceux-ci, douillettement installés dans leur confort des beaux quartiers, pétitionnent pour défendre « cet abrégé d'histoire urbaine » (*sic*) comme le dit l'architecte Laurent Cochet qui connaît pourtant la réalité de ce quartier. J'en profite pour inviter ces intellectuels parisiens à venir visiter et même habiter ce « coin de paradis ». Aucun ne me répondra, à l'exception d'Eugène Ionesco, qui a l'honnêteté de s'excuser d'avoir signé sans regarder.

« Si j'avais un marteau... à Bréhal. Un futur bâtisseur ? »

« À l'abordage du Plessis-Robinson, dans la tradition des corsaires de Granville, la grande aventure avec mon ami Pierrick. »

« Raymond Aumont, mon poisson-pilote au Plessis-Robinson. C'est lui qui m'a fait comprendre que la politique, c'est d'abord aimer les gens. »

« L'affiche de campagne du maire Robert Gelly : les communistes pensaient encore faire mains basses sur la ville. »

« Premier meeting au Plessis-Robinson, première prise de parole devant un parterre d'élus et les caméras de France 3. Impressionnant. »

« Dans l'ombre de Michel Rocard, en visite sur la butte rouge avec l'architecte Roland Castro. C'est l'occasion d'un tract qui fait couler beaucoup d'encre. »

« Que reste-t-il de l'esprit des cités-jardins quand on découvre cet alignement de barres grises et monotones ? »

« Les communistes ont gommé le nom de l'architecte Payret-Dortail de l'avenue principale pour lui donner celui de leur dirigeant Jacques Duclos. Tout un symbole pour une ville à l'organisation devenue totalitaire. »

« Même les quartiers les plus champêtres comme la Cité basse ont perdu leurs couleurs et leur joie de vivre. »

« Entre deux blocs de béton, l'oasis de verdure de l'étang Colbert, au pied du quartier pavillonnaire. La promesse d'un bijou dans un écrin de verdure. »

Avant — « Au milieu d'une friche, un collège Pailleron. Sans commentaire. »

Après — « Qui a dit que je n'aime pas l'architecture moderne ? L'architecte Bernard Poète a offert aux collégiens un magnifique outil de travail. »

« Des bordures repeintes, une voirie propre et soignée, des pe ouses joliment tondues, des massifs multicolores, voilà ce que je veux offrir à chacun des Robinsonnais. »

« Depuis le réveil des Guinguettes, Charles Pasqua est un fidèle de la fête, où il vient chaque année goûter à la nostalgie de la Belle époque. »

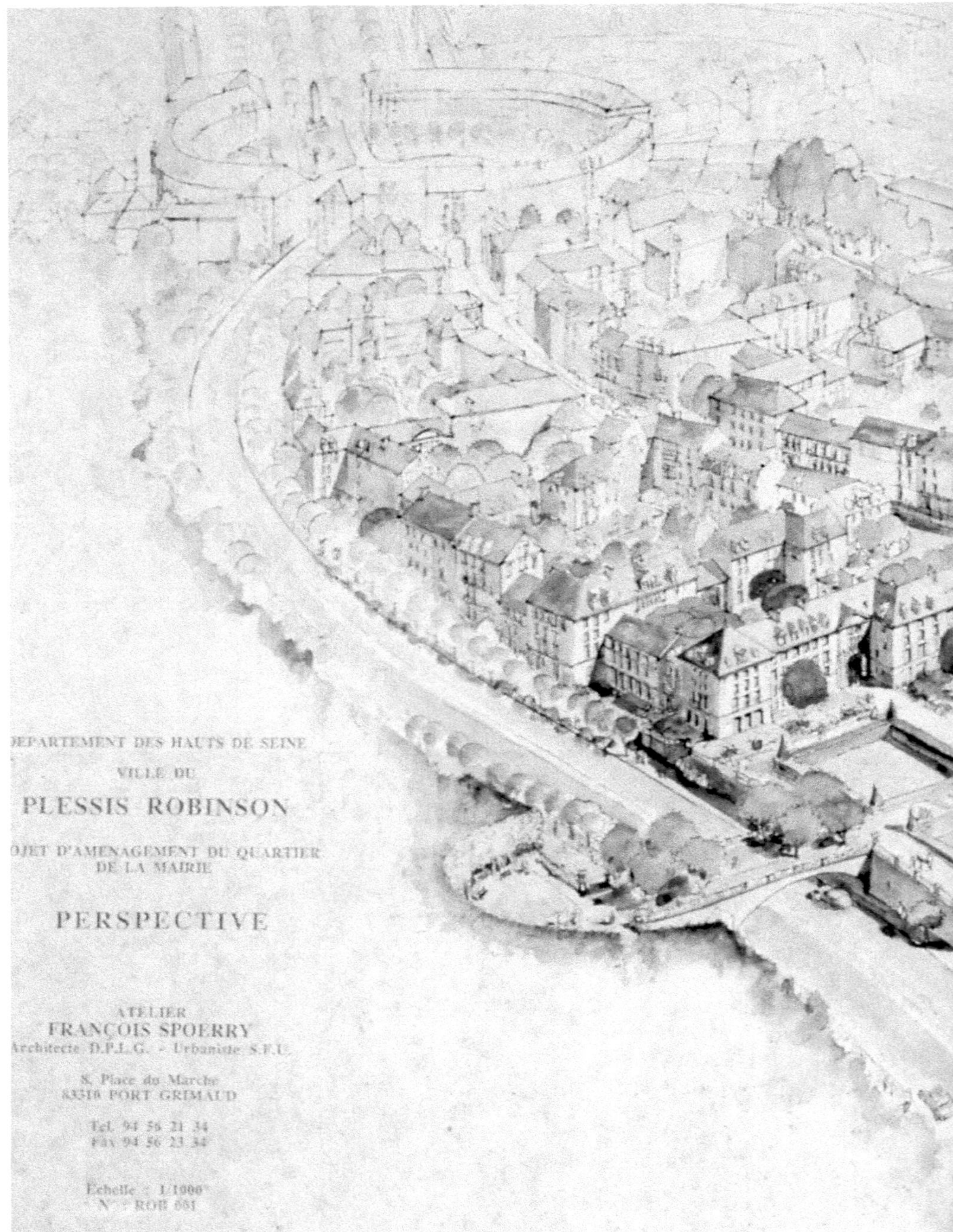

« Le génie de François Spoerry, c'est d'avoir dessiné la ville dont je rêvais,
ce petit village que chacun d'entre nous porte au fond du cœur. »

« Dans la ville traditionnelle, la rue, la place, l'espace public, le même type d'habitat. »

« Nous avons voulu construire un Cœur de Ville, un vrai quartier de ville, mais la nature, les parcs, les fleurs y sont omniprésents. »

« La Grand'Place, comme la place du village, un lieu d'échanges, de rencontres, un symbole de mixité urbaine. Je vous mets au défi de distinguer les immeubles sociaux de ceux qui sont en accession à la propriété. »

« La cité basse, la plus proche de l'esprit originel des cités-jardins, a été réhabilitée à prix d'or, en témoignage de ce temps où l'on construisait pour le bonheur de la classe ouvrière. »

« Je n'aime pas ce qui a été reconstruit dans la Cité haute. L'architecture est brutale, voire carcérale, mais c'était le fruit d'un concours... Et ce projet apportait aux locataires tout le confort moderne auquel ils aspiraient. »

Avant — « Quand je suis arrivé, les gendarmes étaient maintenus depuis des années dans des conditions de logement inacceptables. »

Après — « J'ai voulu que leurs logements soient totalement intégrés dans ce nouveau quartier du Bois des Vallées, parce que tout le monde a droit à de la belle architecture. »

« Pourquoi est-ce que les personnes handicapées devraient vivre dans des cubes de béton brut ? Avec Ernest Nussbaumer et les architectes Nada et Marc Breitman, nous avons voulu leur offrir un petit château. »

« Le quartier Joliot-Curie était construit en impasse. Avec le Pacte 92 de Charles Pasqua, nous avons ouvert des passages, dessiné un mail qui traverse le quartier, rendu l'espace aux habitants. »

« Dans ce quartier dit sensible, nous avons implanté une maison des associations, un centre de loisirs, un basket-park, un free-park et ce magnifique complexe sportif. Et nous avons prouvé que si nous respectons les gens, ceux-ci respectent leurs équipements. »

« Voilà la vraie cité-jardins du XXIe siècle dessinée par Xavier Bohl. Elle marie parfaitement les formes classiques de l'architecture avec la nature. »

« Autrefois ignorée, notre commune du Plessis-Robinson est devenue un modèle de ville dans les Hauts-de-Seine, dont les élus sont venus constater la métamorphose. »

Avant — « Malgré son état délabré, le grand marché du Plessis-Robinson était resté un lieu de vie et d'échanges, le souffle d'espoir d'une ville qui ne voulait pas mourir. »

Après — « Le nouveau marché, dessiné sur le modèle des halles de Baltard, est le premier édifice de la nouvelle cité-jardins. Il reste l'âme de la ville. »

« J'ai eu la chance de pouvoir travailler avec Jean-Louis Borloo pour inventer une nouvelle politique de la ville. »

« Nicolas Sarkozy connaît bien Le Plessis-Robinson et il sait ce que nous avons fait pour reconstruire la ville sur la banlieue. C'est pour cela qu'il a décidé de lancer chez nous cette expérience unique d'accession sociale à la propriété. »

« Le journal *Libération* a parlé d'architecture balladurienne pour le quartier du Bois des Vallées. Alors tant qu'à faire, nous y avons emmené Edouard Balladur ! »

Car la réalité qu'ils n'ont pas vue, ni de près ni de loin, est toute autre, la plupart de ces immeubles, que je connais bien pour avoir rendu visite à chacune des familles locataires, étant devenus des taudis. Mais il est vrai que certains ont mis tout leur cœur dans l'aménagement de leur chez-eux. Je pense en particulier au fameux Thibault, devenu un de mes fidèles supporters, qui organise à l'époque la guérilla des locataires, armé du slogan « Chez Thibault, tout est beau ».

Et ont-ils idée du prix à payer pour la société et pour les habitants ? Les travaux faits sur la cité basse ont conduit Pierre Bourgoin, le directeur de l'OPDHLM 92, à parler de « la réhabilitation la plus chère de France ».

Casser pour reconstruire

Prendre une décision de démolition est toujours un moment difficile, parce que derrière les murs trop délabrés, il y a des vies, des souvenirs, une véritable nostalgie. Mais c'est une décision qu'il faut savoir prendre si l'on veut transformer la vie des gens. Il n'y a pas de mystère : pour gagner la bataille de la rénovation urbaine, il faut reconstruire la ville sur les décombres de la banlieue.

Mais beaucoup d'élus s'interrogent : reconstruire oui, mais reconstruire quoi ? Quel est l'intérêt de détruire une barre pour en reconstruire une autre derrière ? Quel modèle d'urbanisme doit-on choisir pour que les mêmes causes ne produisent plus les mêmes effets ?

C'est tout l'enjeu de la politique de la ville aujourd'hui : trouver un mariage entre l'urbain et l'humain, dans lequel l'urbanisme respecte l'homme, ce qui fera que l'homme respectera son cadre de vie. Et je suis persuadé que l'architecture douce comme l'architecture classique permet de résoudre cette équation magique.

Entre choix partisans et esthétiques, entre intérêts collectifs et particuliers, il faut arbitrer et trancher, sous peine de sombrer dans un immobilisme qui serait politiquement fatal à une municipalité élue pour réaliser le changement et offrir des solutions pour le logement social.

Aimer ou ne pas aimer ?

La Cité-jardins étant partiellement classée, il faut pour choisir le projet, passer par les fourches caudines de l'État et de l'architecte en chef des Bâtiments de France.

L'homme de l'art du moment s'appelle Joseph Belmont. C'est certainement un homme estimable, mais un adversaire résolu des choix architecturaux que j'ai envie de défendre. Il me le dit d'ailleurs, à propos du projet Cœur de Ville qu'il découvre : « Il est certain que vos habitants vont aimer. Mais ce que vous faites, c'est ce que l'on m'a appris à ne pas aimer ».

Peut-on construire sans aimer ? Et faut-il donc construire contre le goût des gens ? Je préfère faire confiance à l'architecte Rob Krier quand il dit :

> « Les maisons que j'aime construire sont certainement les maisons que vous aimeriez habiter ».

Je crois aussi qu'il y a des styles que je vais devoir « ne pas aimer ».

Dépasser les clivages politiques

Peut-on dire qu'il y a un clivage architectural entre la droite et la gauche ? Y aurait-il une architecture de droite et une architecture de gauche ? L'architecture de droite défendrait-elle l'ordre établi, l'ordonnancement des rues et des façades, le respect d'une tradition architecturale alors que l'architecture de gauche se placerait dans la rupture et la provocation visuelle, des formes et des couleurs ?

Quand j'entends parler Jean-Pierre Sueur, ancien maire socialiste d'Orléans, je me dis que mon combat pour le respect d'un urbanisme traditionnel dépasse largement les clivages politiques traditionnels.

> « Il y avait une certaine sagesse à accepter que les villes soient faites collectivement au fil du temps. Il y avait des décennies, des siècles de savoir-faire, de compréhension, même s'il n'y avait aucun plan d'occupation des sols, aucun schéma directeur. Il y avait le mouvement de l'urbanité.
>
> Dans la France actuelle, les endroits où l'on vit mal sont des endroits où l'on entasse toujours plus les gens qui vivent mal, parce que même en prétendant rénover un certain nombre de quartiers, on aboutit à les stigmatiser encore plus fort. Il faut une volonté politique très lourde pour gérer cela. »

Je ne comprends pas pourquoi ceux qui se prétendent écologistes et défenseurs de l'environnement ne partagent pas mon combat et parfois même sont arc-boutés sur des schémas urbains dépassés. Car seule l'architecture douce, par le choix des formes, des couleurs, des matières et des volumes, respecte la dimension de l'homme et les contraintes de l'environnement.

Ce sont ces mêmes ayatollahs qui défendent cette forme de totalitarisme que dénonçait déjà en 1980 le sociologue René Schoonbrodt en disant que « L'architecture moderne a donné une vision totalitaire de l'espace », dans le sens où l'espace urbain est devenu homogène et indifférencié, sans aucun sens ni aucun repère.

La liberté, que je revendique pour moi-même comme pour mes habitants, c'est de pouvoir choisir, aimer, rêver la ville…

La poésie de la banlieue n'existe plus depuis la fin des régates d'Argenteuil, des guinguettes de Nogent, de

Champigny et de Robinson, quand les faubourgs de Paris ont déversé sur l'Ile-de-France leur trop-plein d'habitants, entassés d'abord dans des cités sans cœur, avant de s'étaler plus loin dans des lotissements sans âme.

Art et architecture

Le quotidien de la banlieue aujourd'hui, c'est trop souvent l'uniformité, l'ennui, la peur.

L'exemple le plus frappant et le plus choquant que je connaisse est celui de Prague. Cette ville, une des merveilles de l'Europe baroque, est un joyau enchâssé au milieu d'un véritable rempart de tours et de barres édifiées aux plus belles heures du communisme, sous l'œil indifférent des penseurs occidentaux, trop occupés à dénoncer la société de consommation dont ils sont les produits.

Mais ce qui est vrai à Prague l'est aussi, dans une moindre mesure, dans des villes françaises au patrimoine urbain remarquable, comme Rennes ou Nîmes.

Dans le mot « architecture », il y a le mot « art ». Mais avec le développement de l'industrie se confirme l'abandon de la dimension artistique de l'architecture. Aujourd'hui, l'architecture se retrouve au service de l'industrie, celle du verre, celle du fer, celle du béton.

D'où cette connivence en France de la presse architecturale avec les grands groupes dont l'objectif est de couler le plus de béton possible au mètre carré.

Je pose une seule question : pourquoi les touristes se pressent-ils à Venise, à Salamanque, à Prague, à Dubrovnik et non pas à Brasilia ou à Chandigarh ? Pourquoi prend-on du plaisir à visiter Sarlat ou Versailles et non La Grande Borne de Grigny, Cergy-Pontoise ou Saint-Quentin-en-Yvelines ?

Cela ne fait aucun doute, c'est dans la ville traditionnelle que l'architecture et l'art urbain se complètent.

Une sélection tronquée

Pour la reconstruction de la Cité-jardins, une consultation internationale est organisée, rien que cela ! Parmi les dizaines de candidatures, trois sont retenues (les tenants de l'architecture classique, Spoerry comme Breitman, sont scandaleusement interdits de concours par l'architecte en chef) et présentent trois projets que je découvre avec les membres du jury, un beau jour de mai 1990.

J'en ai encore des frissons dans le dos. Le premier projet dont l'auteur est, pour ne pas le nommer, Ciriani, s'articule autour d'une tour de douze étages, pour le moins surprenant dans le cadre d'un projet de cité-jardins… Le second, conçu par un certain Roth, présente une terrifiante barre d'immeubles de 300 mètres de long. À croire que ces deux projets délirants sont là pour sauver le troisième, le moins mauvais des trois, celui des architectes Alluin-Mauduit, associés au paysagiste Jacques Simon.

Une architecture carcérale

Je ne peux pas dire que celui-là m'enchante, tant il ressemble à une version décadente de cette architecture fonctionnaliste allemande, sans lien historique ou culturel avec nos racines franciliennes. Mais je n'ai pas le choix, je dois m'incliner devant le principe de réalité, non sans dénoncer l'architecture carcérale que l'on va imposer à ces populations, architecture dont je sens qu'elle va particulièrement mal vieillir.

Mais je n'ai pas les moyens politiques de bloquer la démarche engagée, au risque de pénaliser mes Robinsonnais, en retardant encore le moment de leur offrir enfin un logement décent.

À côté de cela, le troisième projet, même s'il ne me plaît pas du tout, est plus raisonnable ; c'est celui qui est encore en place aujourd'hui. Bien sûr, il faut reconnaître que les espaces intérieurs sont bien mieux que ceux qu'ils ont remplacés. Les appartements sont généralement plus grands, agréables et lumineux et ils ont surtout l'avantage évident d'être aux normes des années 90, c'est-à-dire bien plus confortables que dans les années 30.

Hélas, on ne peut pas en dire autant des bâtiments eux-mêmes. C'est une véritable catastrophe à mes yeux, ils incarnent tout ce que je ne veux pas pour ma ville.

Des architectes modernistes…

Le seul projet possible retenu, je continue à pester sur les conséquences de ce choix auprès des architectes. Je cherche des modifications possibles et les fais venir à la mairie tous les trois jours.

Ceux-ci tentent de me convaincre en me proposant de visiter une de leurs réalisations précédentes le long du périphérique.

En y repensant, je mesure le décalage qui existait entre nos différents points de vue et qui me ferait encore sourire aujourd'hui si leur « œuvre » ne continuait pas d'enlaidir notre ville.

Au moins, cette situation a eu le mérite de me faire comprendre assez vite qui étaient mes adversaires et les dégâts qu'ils pouvaient causer.

Pendant le trajet, ils plaisantent gaiement, certains que la vue de leurs « œuvres » va tout changer. Je ne comprends toujours pas à quoi ils s'attendent de ma part et je les soupçonne de m'avoir alors pensé incapable de lire un plan d'architecte ou de deviner derrière les images créées par ordinateur, à quoi pouvait ressembler un résultat final.

Ils doivent aussi penser qu'un jeune maire qui est encore loin de tout maîtriser serait vite influencé par la verve d'architectes expérimentés et rompus à parler de leurs « œuvres ».

Je découvre leurs réalisations et j'écoute leurs explications ; j'obtiens même de visiter l'une d'entre elles. La discussion est brève, elle est de toute façon impossible. Je crois même qu'à partir de ce moment-là nous n'avons plus échangé aucune parole si ce n'est par lettre recommandée et huissier interposés.

Le temps des usurpateurs

Ce qui me semble grave dans cette histoire, c'est que ces architectes ne semblent pas avoir douté du bien-fondé de leur travail. Savez-vous qui a écrit :

> « Les maçons ou les habitants qui réalisent eux-mêmes des habitats harmonieux sont de vrais architectes. Par contre, les architectes diplômés qui construisent des fadaises, des foutaises, des baraques merdiques, des casernes lugubres, des maisons de style niche à chien, ne sont que de pseudo-architectes. Ils usurpent un titre. Ce sont des faussaires, des escrocs, que l'indifférence (coupable) des gens à l'architecture, permet de laisser impunis » ?

Eh bien non, ce n'est pas moi qui l'ai dit, mais Michel Ragon, dans *C'est quoi l'architecture ?*, un ouvrage de vulgarisation pour les jeunes.

Ce n'est pas moi qui l'ai dit, mais je suis prêt à l'assumer comme si je l'avais écrit.

La querelle des anciens et des modernes

Je n'ai rien contre l'architecture moderne. Le *skyline* de New York ou de Chicago ne manque pas d'une certaine beauté et d'une vraie dimension poétique. Mais je refuse que l'on impose aux citoyens, parce que l'on a fait des études spécialisées, une architecture contre nature destinée au mieux à laisser une trace dans l'histoire, au pire à provoquer et à déranger celui qui la subit.

Qu'un architecte moderniste, qu'il s'appelle Nouvel ou Chemetov, veuille, à travers une commande publique d'un monument ou d'un équipement culturel ou sportif, réaliser son chef d'œuvre, un objet d'art ayant pour ambition de rester dans l'histoire architecturale, ne me choque pas, si tant est que cette œuvre ne vienne pas heurter l'harmonie séculaire d'un quartier, comme le Centre Georges-Pompidou place Beaubourg ou cette verrue contemporaine en face de la cathédrale d'Amiens.

Mais, en matière de logement social, il est trop facile de tenter des expériences urbaines à travers lesquelles les gens les plus modestes, ceux qui n'ont rien demandé et qui n'ont pas voix au chapitre, payent au prix fort les incohérences architecturales et les erreurs de conception qui transforment un habitat en enfer.

Autrefois, les architectes savaient dessiner un bâtiment, un espace, une perspective. Aujourd'hui, ceux qui sortent des écoles d'architecture ne savent pas dessiner et, avec leur ordinateur, cherchent à mettre tout le monde dans la même boîte, à uniformiser, à rationaliser.

Le mépris vis-à-vis des habitants

Je crois que, dans un projet, on sent la place qui est accordée à un individu et le genre de vie qu'on a envie de lui offrir. Le plus souvent, les architectes qui construisent la banlieue n'ont rien à faire de ceux qui vont vivre dans ce qu'ils construisent. Ils ont des mètres carrés à aménager, des normes techniques à respecter, des modes de financement à trouver, et cela ne peut que produire du mal-vivre.

Les architectes qui ont travaillé à reconstruire Paris sous la férule du baron Haussmann avaient pour ambition d'insérer leur projet dans un ensemble cohérent et harmonieux. Aujourd'hui, beaucoup d'architectes veulent surtout créer leur œuvre de manière ostentatoire, comme on pose un bibelot sur une commode.

Pour l'urbaniste François Grether, l'espace public ne doit pas être traité en simple élément de décor ou en objet architectural : « Sans espace public, il n'y a pas de ville, c'est le lieu d'urbanité par excellence. Une rue, comme la ville, ne doit pas avoir d'auteur. »

Plus on s'éloigne des centres urbains, plus l'urbanisme devient incohérent, déconnecté de l'environnement dans lequel il se trouve.

Combien de villes en France, si jolies soient-elles dans leur centre urbain, accueillent le visiteur à travers une forêt de panneaux publicitaires, une zone d'activités aux couleurs criardes, des friches industrielles où l'herbe folle cohabite avec le béton des cités périphériques.

Refaire de l'unité urbaine

L'exemple de la reconstruction de Nîmes dans les années 90, sous l'impulsion du maire Jean Bousquet et de l'urbaniste Joseph Juvin est révélateur. Après les inondations de 1988, ils choisissent de « gommer les banlieues, en leur accordant la même valeur urbaine qu'au centre historique ».

> « La ville historique, précise Joseph Juvin, dans notre culture européenne, est organisée et contrainte. Nous avons accusé une sérieuse perte de culture par rapport au XIXe siècle. Il

nous faut refaire de l'unité urbaine ». Seuls les architectes classiques comme Marc et Nada Breitman, Léon et Rob Krier, François Spoerry, Xavier Bohl, ont les premiers tirés le signal d'alarme et mis en garde contre la dénaturation de nos villes.

Marc Breitman : « Autrefois espace de liberté, la cité est devenue progressivement lieu de ségrégation, zone de non-droit, espace d'expérimentation. Entre la Charte d'Athènes et la construction massive des grands ensembles, les villes ont été dénaturées. »

François Spoerry : « Mon objectif a été de revenir à une échelle humaine après les excès des adeptes de Le Corbusier. Le but poursuivi était de faire un environnement à l'homme dans lequel il se trouve heureux. »

Léon Krier : « Si les usines ont des façades de cathédrales et si les habitations ont l'air de palais royaux, si les musées ressemblent à des fabriques et les églises à des dépôts industriels, une valeur fondamentale de la République est en crise. »

Loin de la cité idéale

Quatre ans plus tard, les deux premières phases de cette nouvelle cité-jardins sont achevées. Et le résultat confirme largement ce que je craignais. Si les petits plots des rues Facq, Péri, Brossolette et d'Estienne d'Orves sont plutôt réussis, les immeubles en façade de l'avenue Charles-de-Gaulle et de la place de la Résistance sont ratés : trop hauts, trop gris, trop tristes, on est loin de la cité-jardins de l'an 2 000 à laquelle on rêvait.

Non seulement ils écrasent l'espace par leurs volumes et par le gris de leurs façades mais certains aménagements sont inutiles et stupides et concourent à dégrader l'espace public. Ainsi, celui qui les regarde, et comment ne pas les voir, ne peut éviter d'admirer les grandes « buanderies » vitrées qui offrent à tous une perspective sur les machines à laver, les vélos et autres encombrants que chacun tente de cacher, tout en les gardant à portée de main.

Je ne parlerai pas non plus de la disposition des entrées ou des couloirs qui font de ces immeubles de véritables labyrinthes, sans parler des coursives transformées en nids à courants d'air.

Bien entendu, les nouvelles normes de confort vont changer la vie de chacun des occupants qui ont connu l'ancienne cité-jardins. Mais sur le plan esthétique et urbanistique, chacun a bien conscience que ce nouveau quartier n'a pas été dessiné pour faciliter le quotidien des gens, pour favoriser les rencontres, pour la vie tout simplement.

Je suis bien décidé à ne pas laisser cette équipe continuer sur cette voie, quitte à créer tous les obstacles juridiques. J'en viens même à annoncer que si l'on me pousse à bout, je changerai le plan d'occupation des sols et je ferai planter une forêt sur les 21 hectares restant à bâtir. Chiche…

Opération pilote au Bois des Vallées

La revanche architecturale

En 1996, avant d'attaquer les phases III et IV du projet de Cité-jardins, un différend financier éclate entre l'équipe d'architectes et l'Office départemental HLM. Ce conflit est une véritable aubaine. La suite du projet est enterrée et je peux enfin abattre mes cartes maîtresses : mixité urbaine et architecture classique.

J'ai été un des premiers maires en France à parler de mixité urbaine au début des années 90. Depuis que je suis élu, cela me paraît une évidence. Quand une commune comme la mienne compte déjà 75 % de logements sociaux, est-il raisonnable de continuer à en construire ? Ne vaudrait-il pas plutôt, à l'occasion de chaque nouveau projet d'urbanisme, prévoir d'y intégrer un pourcentage raisonnable de logements privés ? Et à l'inverse, dans les communes comptant peu de logements sociaux, il est possible de prévoir dans chaque programme immobilier privé, locatif ou en accession à la propriété, une ou deux cages d'escalier de logements HLM.

Au XIXe siècle, la mixité sociale était réelle. Dans un immeuble parisien, l'artisan était au rez-de-chaussée, le bourgeois au premier ou au second, et ainsi de suite jusqu'aux « chambres de bonnes » où résidait le personnel de service. Tout ce beau monde se croisait dans l'escalier, lieu de passage et de rencontre.

L'architecture des temps nouveaux ?

La généralisation des ascenseurs a inversé cette hiérarchie et a tué ce rôle social de l'escalier, la spéculation immobilière spécialisant à outrance les rues et les immeubles. Des idéologues inspirés par le dogme marxiste ont voulu révolutionner la société en créant une ville nouvelle pour l'homme des temps nouveaux. Ils ont fait de Le Corbusier leur dieu et de la Charte d'Athènes leur bible. La Charte d'Athènes a destructuré la forme urbaine, isolant les quartiers d'affaires, les secteurs de loisirs et les zones d'habitat, parfaitement séparées entre logements sociaux et logements privés. La conception traditionnelle de bâtiments alignés le long de rues est rejetée au profit de bâtiments de grande taille libérant de l'espace partagé en dalles et en jardins. Mais ce qui pouvait passer chez Le Corbusier grâce à la qualité des espaces intérieurs est devenu insupportable chez ceux qui l'ont copié sans avoir son talent.

Ceux-là ont hélas sévi après-guerre avec le soutien des politiques, tel le ministre de la Reconstruction et de l'Urbanisme en 1948, Eugène Claudius-Petit, qui déclarait

> « Conserver le plus d'espace libre possible et abandonner les formes surannées des villes qui chassent la nature en établissant un désert de pierres par ces blocs fermés, paresseusement alignés sur la rue bruyante que naguère encore nos pères construisaient ».

Ghettos de pauvres, ghettos de riches

Sur ce modèle, élus et urbanistes sont co-responsables des dégâts faits dans nos villes à partir de 1950 quand il a fallu construire vite et peu cher des quartiers entiers pour reloger d'abord les familles françaises les plus modestes, puis les rapatriés, et enfin les immigrés.

C'est ainsi que certains maires, pour des raisons électoralistes à peine déguisées, ont laissé leur commune se gonfler de 60, 70, jusqu'à 80 % de logements sociaux, constituant ainsi des ghettos infâmes et infamants. Pendant ce temps, d'autres maires, pour des choix tout aussi électoralistes, ont banni de leur commune tout logement social, créant ainsi des ghettos de riches repliés sur eux-mêmes.

La loi Solidarité et Renouvellement Urbains de décembre 2 000 a bien essayé de rompre avec cette logique en imposant un seuil de 20 % de logements sociaux, assorti de pénalités financières. Mais ce texte a des faiblesses et des limites. Faiblesses parce qu'il ignore les très fortes disparités de la disponibilité et du prix du foncier entre les communes. Limites parce qu'il ne prévoit pas d'obliger les communes qui ont un pourcentage élevé de logements sociaux d'intégrer un certain nombre de logements privés dans leurs projets d'aménagement.

L'expérience du Bois des Vallées

Cette problématique, nous l'avons intégrée au Plessis-Robinson dès le début des années 90. La démolition du vieux collège Pailleron, reconstruit par le conseil général des Hauts-de-Seine, nous libère du foncier que nous viabilisons en ZAC. Sur cet espace libéré, nous décidons d'associer un programme d'immobilier locatif privé et un programme de logements sociaux destinés à reloger une partie des gendarmes. Mais il faut pour cela trouver un architecte capable de marier les deux dans un même style. C'est à cette occasion que j'entends parler d'un couple d'architectes, Marc et Nada Breitman, qui ont fait un travail remarquable de réhabilitation sur des cités ouvrières du Pas-de-Calais. Je les fais venir au Plessis-Robinson. Ils sont séduits par le site et le projet et nous dessinent un véritable quartier de ville, inspiré de l'architecture classique, avec des rues, des places, des espaces publics et privés, des façades travaillées avec un souci du détail exceptionnel. Dans ce projet, ils insèrent une caserne de gendarmerie et un foyer pour travailleurs handicapés totalement fondus dans le style architectural. Je suis emballé, les responsables de la gendarmerie nationale aussi et les travaux commencent.

> Pour Marc et Nada Breitman : « La mixité urbaine recherchée en priorité participe d'une esthétique partagée par tous. À coût égal, en logement social comme en accession à la propriété, ce qui fait la beauté d'un édifice, c'est le travail intellectuel et l'épaisseur culturelle que lui consacre l'architecte. »

Une esthétique partagée par tous : voilà l'enjeu de la mixité urbaine, voilà ce que je veux réussir au Plessis-Robinson.

Trop beau pour nous !

Une anecdote, très significative : des hauts responsables de la gendarmerie arrivent au Plessis-Robinson pour visiter le chantier en voie d'achèvement. Ils passent devant l'adresse qui leur a été indiquée, s'interrogent et vont jusqu'à la mairie toute proche pour demander où se trouvent les logements pour les gendarmes. Quand on leur confirme qu'ils sont bien en face de leur casernement, ils s'exclament : « Ce n'est pas pour nous, c'est trop beau ! ».

Étrange cri du cœur qui illustre bien le ghetto intellectuel et esthétique dans lequel a été enfermé le logement social aujourd'hui. Pourquoi le logement social devrait-il être moins beau que l'immeuble privé ? Pourquoi une caserne de gendarmerie ou un foyer pour jeunes handicapés devraient-ils être inesthétiques, incolores et sans caractère ? Ernest Nussbaumer, le très remarquable président de l'association des Amis de l'Atelier, m'a confié quelques mois après l'installation de ses protégés dans leur nouveau foyer ressemblant à un petit château que ce décor harmonieux avait une influence certaine sur leur psychologie et leur comportement quotidien.

Le maire garant de l'équilibre

L'obstacle avéré de tout effort de mixité sociale réside dans la difficulté de faire vivre ensemble des groupes de population aux comportements sociaux très différents, quand ce n'est pas trop différent. D'où la difficulté de gestion des différents contingents de logements sociaux attribués au préfet, au conseil général ou éventuellement au maire. Or ce dernier, au contact quotidien de la population, est le seul à même de juger du risque de déséquilibre d'une cage d'escalier, voire d'un quartier, du fait de l'installation d'une famille à problème ou d'un groupe de population difficile à intégrer. C'est donc le maire qui doit pouvoir délivrer le feu vert final, en particulier dans une commune qui compte autant de logements sociaux que la mienne.

La mixité dépend de l'intégration sociale

C'est ce que j'ai réussi à obtenir, après des années à batailler contre les pouvoirs publics pour éviter que l'on nous envoie au Plessis-Robinson « toute la misère du monde », pour paraphraser une nouvelle fois l'excellent Michel Rocard. Combien de coups de gueule ai-je dû pousser, combien de coups de fil ai-je dû passer pour empêcher qu'une attribution malencontreuse vienne mettre en péril le fragile équilibre d'une cage d'escalier… C'est bien la preuve qu'il ne peut y avoir de mixité urbaine sans une volonté d'intégration sociale. Quand les grands ensembles comme le Val Fourré ont été bâtis, dans les années 50, les communautés d'origine espagnole ou portugaise y cohabitaient sans difficulté avec les Français de souche. C'est le regroupement familial, à partir de 1974, qui a installé dans ces quartiers des populations d'origine africaine ou maghrébine, déracinées, auxquelles on a donné la nationalité française, sans leur demander si elles parlaient français et si elles voulaient vivre comme les Français.

Les extrémismes ont fait ainsi leur nid dans ces banlieues, témoins du racisme ordinaire né du face à face quotidien entre ces populations immigrées et ces « petits blancs », locataires captifs, sans perspective de mobilité vers un quartier plus gratifiant et plus conforme à leur mode de vie.

Un autre sujet de débat avec les constructeurs est celui du coût de la construction qui serait beaucoup plus élevé sous la commande d'un architecte classique. Ce n'est pas la réalité. Si le choix de matériaux plus nobles, si la recherche de détails de façades pénalisent l'architecture classique à court terme, c'est un investissement rentable à plus long terme du fait de la longévité supérieure de ce type d'architecture. Le grand urbaniste Léon Krier, conseiller en architecture du Prince de Galles, assure que si la construction artisanale est plus coûteuse et moins opérationnelle que la construction industrielle, le surcoût immédiat est assez vite compensé par les économies sur l'entretien et la réfection.

Haro sur l'architecture « balladurienne »

Aujourd'hui ce quartier du Bois des Vallées a plus de dix ans. La mixité y est réelle et l'intégration à la ville réussie.

La pierre s'est patinée et, n'en déplaise à nos détracteurs, chacun s'y sent bien et la mixité sociale y a trouvé ses lettres de noblesse. Il faut quand même se rappeler que le journal *Libération* avait consacré une pleine page en 1994 pour dénoncer ce projet suspecté d'architecture « balladurienne » ! Projet qui a obtenu quand même le prix de l'art urbain.

Plus fort encore, au cours d'un été, *Libération* décide de consacrer une page par jour sur ce qui est en train de se passer au Plessis-Robinson, dans la volonté de montrer du doigt, de désigner à la vindicte populaire les défenseurs de l'architecture classique qui osent dénaturer la banlieue pour retrouver l'esprit de la ville. Mais, à l'inverse de l'effet recherché, les photos qui illustrent les articles incendiaires, nous valent un surcroît d'estime, pour ne pas dire une vague d'intérêt, comme en témoignent les nombreux appels que je reçois suite à cet « excellent publi-reportage ». Merci *Libé*…

La population vote pour le classique

C'est aussi en 1994 que je lance une enquête sur l'architecture auprès d'habitants du Plessis-Robinson.

Parmi les résultats tout à fait intéressants, je retiens deux choses : 79 % des personnes interrogées pensent que l'architecture de leur ville influe sur leur qualité de vie et 73 % d'entre elles privilégient l'architecture classique comme dans le Cœur de Ville ou le Bois des Vallées.

Ce qui veut dire que près des trois-quarts des habitants préfèrent habiter un bâtiment de type classique, alors que la plupart des architectes construisent des immeubles modernes ! Pourquoi ce décalage ? Pourquoi les architectes ne construisent-ils pas de bâtiments répondant aux attentes ou aux rêves de ceux qui vont les habiter ? Essentiellement parce que les architectes qui réalisent une commande publique, d'un OPAC ou d'un Office HLM, ont une clientèle captive, qui n'a pas d'autre choix que d'accepter l'architecture qu'on lui impose. Pour s'en convaincre, il suffit simplement de comparer les différences architecturales entre les programmes publics et ceux qui sont destinés à l'accession privée. D'un côté des formes anachroniques, des façades pauvres, des couleurs agressives, de l'autre des formes harmonieuses, des détails architecturaux, des couleurs pastel. Cela voudrait-il donc dire que ce qui est beau est réservé à une certaine élite et que les autres, les personnes modestes, doivent se satisfaire d'une architecture de seconde zone ?

Habiter ce que l'on construit

J'en débats un jour dans le cadre d'un colloque avec le directeur du Centre d'architecture et d'urbanisme des Hauts-de-Seine. Celui-ci vante les mérites de l'architecture moderne appliquée au logement social, quand il glisse entre deux phrases qu'il vit dans un immeuble haussmannien, en face du jardin du Luxembourg. Je saute sur l'occasion pour l'inviter vivement à échanger son appartement contre un de ceux qu'il voudrait construire pour les habitants de nos banlieues. Silence gêné…

L'ordre haussmannien

Haussmann, parlons-en… Certains ont pu aussi me reprocher d'utiliser au Plessis-Robinson une architecture et même une méthode haussmannienne. Il est vrai que j'apprécie chez Haussmann son regard visionnaire, son sens des perspectives et sa volonté d'imposer des règles architecturales strictes, avec un vrai souci du détail, les encadrements travaillés, les corniches, les bossages, les corbeaux, les modénatures. J'aime aussi chez lui – et je crois qu'il est le premier à l'avoir pensé – sa réflexion sur l'art et le mobilier urbain, réflexion qu'il a confiée à l'architecte Davioud qui a dessiné les kiosques, les bancs, les corbeilles, les grilles qui donne une homogénéité à la ville et « contre-pointent de façon ludique, la masse minérale des immeubles, grâce à la légèreté de formes étrangères au vocabulaire classique ».

Certains ont pu reprocher à Haussmann de ne construire que pour les riches – j'ai entendu les mêmes litanies – mais c'est oublier trop vite l'organisation de la mixité sociale telle qu'elle existait sous Napoléon III et que l'on retrouve parfaitement illustrée dans certains romans de Zola sur Paris.

Aimer pour faire aimer

Spoerry, Breitman… Ces architectes font de belles choses avant tout parce qu'ils aiment les gens. La beauté est liée à des valeurs intérieures, c'est le cœur qui parle et ce n'est plus la raison. Il y a un supplément d'âme à la beauté par rapport à l'esthétique.

C'est dans le même sens que je conçois la politique. Si vous n'aimez pas les gens, vous ne pouvez pas concevoir pour eux un avenir. Toute mon action, toute mon énergie est dirigée vers un seul but : faire le bonheur des gens qui m'entourent, mes concitoyens, connus ou inconnus, qui m'ont fait confiance pour conduire leur destin collectif.

On me reproche parfois d'en faire trop, de vouloir faire le bonheur des gens malgré eux. Mais c'est pour moi une seconde nature : je veux pour les Robinsonnais ce qu'il y a de plus beau, parce que j'estime qu'ils ont trop souffert d'avoir été confrontés à un quotidien de tristesse et de laideur.

De la ville pilote au modèle de ville

Le soutien financier du département

Charles Pasqua, président du conseil général des Hauts-de-Seine de 1988 à 2004, a joué un rôle considérable dans la transformation du Plessis-Robinson. C'est grâce à son soutien affirmé que le département a financé, directement ou par l'intermédiaire de l'Office départemental HLM, l'ensemble des travaux de grosses réparations et de rénovation urbaine de ma ville. S'il avait fallu financer ces travaux, sur le budget d'investissement de la commune, ce n'est pas dix ans qu'il aurait fallu pour en venir à bout, mais cent-dix ans !

Panser les plaies de la banlieue

Mais Charles Pasqua ne se contente pas d'orienter vers Le Plessis-Robinson une partie du budget du département. Il a l'intelligence d'imaginer et de mettre en œuvre une véritable politique de la ville à l'échelle du département des Hauts-de-Seine. Ce fameux Pacte 92, fondé sur la réconciliation de l'humain et de l'urbain, a plus de dix ans d'avance sur tout ce qui a pu être fait par la suite, notamment avec Jean-Louis Borloo. Ce Pacte 92 destiné à panser les plaies de la banlieue en travaillant sur la recomposition urbaine s'appuie sur trois principes : la mixité et le retour à l'échelle humaine, la centralité pour retrouver des repères, les échanges pour désenclaver les quartiers.

C'est l'exacte traduction de ce que nous voulons mettre en œuvre au Plessis-Robinson.

De Charles Pasqua à Jacques Chirac

Nouvellement élu au conseil général, je suis missionné par le Président Pasqua pour m'impliquer dans la mise en œuvre de ce projet. J'ai ainsi l'occasion de travailler avec des architectes de talent, comme Roland Castro ou Bernard Lamy, même si je ne partage pas toujours leur approche de l'urbanisme. Je me lie aussi d'amitié avec l'animateur du Pacte 92, Maurice Leroy, que Charles Pasqua a débauché de la direction du groupe communiste au Sénat. Le travail que nous y faisons va d'ailleurs largement servir de base aux réflexions que nous avons pu mener au sein de la cellule de réflexion du candidat Jacques Chirac, installée en 1994 boulevard Saint-Germain, où j'entraîne Maurice Leroy, qui n'est pas encore passé à l'UDF.

Au sein de ce Pacte 92, Le Plessis-Robinson a été choisi comme ville pilote. Cela nous a permis d'expérimenter, avec des moyens financiers exceptionnels et le concours actif et enthousiaste de la SEM 92, la société d'économie mixte d'aménagement du département, un certain nombre de dispositifs de rénovation urbaine : le désenclavement du Parc des Sports, la création du jardin de Robinson, et la revalorisation du quartier Joliot-Curie, un cas d'école. Il faut saluer ici l'efficacité des équipes de la SEM 92 et de son directeur général, Jean-Claude Laplanche.

Joliot-Curie, un cas d'école

Au cœur du plateau du Plessis-Robinson, le quartier Joliot-Curie cumule, au début des années 90, tous les handicaps. Un habitat social dégradé, des formes urbaines enclavées, un taux de chômage au-dessus de la moyenne, un groupe scolaire classé en REP (Réseau d'Éducation Prioritaire), presque en ZEP. À l'entrée du quartier, au 24 avenue Léon-Blum, une cage d'escalier abrite une bande de voyous qui nargue les forces de l'ordre et fait régner la terreur dans le quartier. Ce squat est connu de tout le département, car on s'y approvisionne sans difficulté en drogues de toutes sortes. Les honnêtes gens n'osent plus sortir le soir et pendant la journée. Un reporter du *Parisien* est même violemment pris à partie parce qu'il porte un appareil photo en bandoulière.

Au début, nous essayons de discuter. Mais nous réalisons vite que nous sommes dans une impasse, que nous sommes roulés dans la farine. Alors je change de stratégie et décide d'employer la manière forte. Je fais le siège du Préfet pour obtenir des renforts de police, des rondes de nuit de la Brigade anti-criminalité, une surveillance incessante du quartier. Malgré quelques progrès, le climat d'insécurité persiste jusqu'aux élections de 2001 pendant lesquelles je propose de créer une police municipale pour apporter des réponses nouvelles au besoin de sécurité exprimé par la population. Personnellement, j'ai toujours été contre le principe d'une police municipale, estimant que le pouvoir de police était du domaine régalien, donc de la responsabilité de l'État. Je veux donc m'appuyer sur une consultation des Robinsonnais, réalisée à l'automne 2001.

Soutenu par 79 % de la population, je crée la police municipale au début 2002, en m'appuyant sur l'expérience de mon adjoint à la sécurité, Benoît Blot. Avec le soutien de la police nationale, remobilisée par l'arrivée à la tête du ministère de Nicolas Sarkozy, nous commençons à réduire progressivement la poche de résistance du « 24 Blum ». Et cet effort porte ses fruits, les voyous commencent à reculer et s'en vont exercer leurs trafics dans d'autres lieux.

À l'occasion d'Immeubles en fête, en mai 2003, nous décidons d'organiser une soirée portes ouvertes au « 24 Blum ». Et nous y buvons le verre de l'amitié en toute tranquillité, avec les habitants du quartier. Un moment d'intense émotion pour tout le monde, comme si nous avions ce soir-là retrouvé notre liberté…

L'ouverture du quartier sur la ville

Un quartier qui a commencé aussi à changer… Car je suis persuadé que l'on ne peut vraiment changer la vie des gens que si l'on change le décor dans lequel ils évoluent. Et dans ce quartier, le décor est totalement à revoir… Grâce au Pacte 92, nous disposons de moyens d'action pour en transformer la trame urbaine. En lieu et place du vieux gymnase Joliot-Curie, nous inaugurons un superbe complexe sportif, parfaitement adapté pour la pratique du basket, du volley et de la gymnastique. Pour les jeunes du quartier, nous ouvrons un *free-park* pour les amateurs de football et un *basket-park* pour ceux qui veulent pratiquer cette discipline en toute liberté.

Le groupe scolaire datant des années 50 est entièrement restructuré et rénové, offrant des espaces fonctionnels et lumineux. Grâce à une équipe enseignante de grande qualité, cette école qui faisait autrefois peur aux parents est désormais attractive.

Dans ce quartier où l'on n'osait pas s'aventurer la nuit, où les voies s'achevaient en cul-de-sac, des équipements publics sont désormais ouverts et accueillent des Robinsonnais venus d'autres quartiers. La maison de quartier, à laquelle j'ai tenu à donner le nom de Raymond Aumont, à la mémoire de celui qui incarnait si bien le Plessis populaire, est ouverte aux associations, aux amoureux de l'informatique et aux jeunes en recherche d'un stage ou d'un job.

Ce quartier replié sur lui-même est désormais traversé par un mail piétonnier et arboré, arpenté toute la journée par des promeneurs, des jeunes en rollers, des mamans avec poussette et bébé.

C'est une formidable victoire contre l'anxiété urbaine, la preuve que rien n'est écrit et que tout peut changer si l'on s'en donne les moyens.

À l'Assemblée pour prescrire la thérapie

La politique de la ville prend une nouvelle dimension en France en 2002 avec l'arrivée de Jean-Louis Borloo au ministère de la Cohésion sociale.

Un ensemble de mesures importantes est lancé par le gouvernement et voté par le parlement. L'une de mes plus grandes fiertés aura été d'y avoir été étroitement associé.

Car je suis élu député depuis juin 2002, dans la vague bleue qui a suivi le choc du 21 avril.

La conquête de l'Assemblée

Être élu député n'était pas pour moi une obsession, mais plutôt une envie de peser sur les choses. Personnellement, si j'ai de l'ambition et une soif de revanche, je n'ai pas de plan de carrière, je veux simplement servir mes compatriotes au mieux de leurs intérêts.

Le député de ma circonscription, Jean-Pierre Foucher, maire UDF de Clamart, était certainement un député sérieux, honnête et assidu, mais très loin des préoccupations de ses concitoyens.

Après avoir été son suppléant peu écouté en 1993, je fais un tour de piste en 1997, sans investiture d'un parti politique, sur le thème de « La politique autrement ». Il s'achève au premier tour à 17,6 % contre 22 %, signe que les électeurs ne sont pas encore mûrs pour la rupture.

Grâce à mon soutien affirmé et actif entre les deux tours, Jean-Pierre Foucher sauve son siège dans un contexte politique difficile, celui de cette dissolution funeste.

Ensuite, malgré mes conseils et mes mises en garde, il se laisse isoler dans sa mairie de Clamart, minée par les querelles internes, et finit par démissionner en 2000, pour laisser sa place de maire à sa première adjointe.

Mais ce replâtrage ne suffit pas à enrayer la chute et, bien que les voix de droite soient majoritaires au premier tour des municipales de 2001, la mairie de Clamart bascule au deuxième tour entre les mains d'un apparatchik socialiste qui n'en demandait pas tant.

Jean-Pierre Foucher croit que cette défection n'aura pas de répercussion sur les élections législatives à venir l'année suivante. Mais je sens au fond de moi-même qu'il faut donner un signal fort de changement à l'électorat, faute de quoi la circonscription, après la ville de Clamart, va tomber à gauche.

Le hold-up de 2002

Je prends donc la décision de me présenter en juin 2002. Dans la foulée de la réélection de Jacques Chirac, la droite et le centre s'unissent au sein de l'UMP, sauf une poignée de députés centristes autour de François Bayrou, dont notre ami Foucher. Et pourtant, c'est lui qui obtient sur le fil l'investiture de l'UMP, qu'il honnissait pourtant quelques jours plus tôt.

Qu'à cela ne tienne, c'est sous l'étiquette majorité présidentielle que je fais ma campagne, avec le soutien de la plupart des élus UMP de la circonscription et notamment mon ami Jean-Pierre Schosteck, le maire de Châtillon.

Au premier tour, Jean-Pierre Foucher atteint 23 %, un point de mieux qu'en 1997. Mais ce qui n'était pas prévu, c'est que je dépasse les 27 %.

Après 1989 avec les socialistes, après 1995 avec les communistes, c'est mon troisième hold-up politique, perpétré cette fois-ci aux dépens de l'UMP et de sa commission d'investiture qui m'a sacrifié sur l'autel des intérêts supérieurs de la politique.

« Il y a deux types d'hommes en politique : les conquérants et les héritiers. » C'est Patrick Devedjian qui me l'a appris, ce qui m'a été confirmé par Nicolas Sarkozy. Moi, je n'ai rien reçu en héritage, j'ai conquis tous mes mandats à la volonté et à l'énergie, j'ai gagné tous mes combats parce que j'ai au fond de moi une volonté irrépressible d'agir.

La nouvelle politique de la Ville

À l'Assemblée nationale, j'ai maintenant l'occasion de me pencher sur l'avenir des banlieues et d'essayer de mettre en œuvre les enseignements que j'ai retirés de mon expérience du Plessis-Robinson.

Car la nouvelle majorité issue de la vague bleue de 2002 doit faire face à une aggravation sensible des problèmes de la banlieue. Bien entendu, tout cela ne date pas d'hier. Pendant vingt ans, à partir de l'après-guerre, les politiques de tous bords ont cru résoudre le problème du logement en construisant des cités sans repères et sans âme. Et même si on les a baptisées villes nouvelles, ces ensembles urbains n'ont plus de la ville que le nom. À partir des années 70, l'explosion du chômage conjugué au regroupement familial a transformé ces cités en ghettos, gangrenés par l'oisiveté, la drogue et l'insécurité. Et quelle réponse y a-t-on apportée ? Des réponses technocratiques au travers de sigles cabalistiques, des ZUP aux ZUS, sans oublier les ZEP !

Ce n'est qu'à partir du début des années 90 que les gouvernements ont essayé d'agir plus efficacement à partir d'un ministère de la Ville, avec Bernard Tapie en figure de proue. Au final, beaucoup de poudre aux yeux, trop de saupoudrage, quelques opérations de démolition spectaculaires, mais un échec patent. De 1982, avec la création des ZEP, à 1994, avec les contrats de ville, rien n'a pu empêcher la situation des banlieues de s'aggraver d'année en année. La faute sans doute à une prise en compte trop parcellaire des problèmes : soit on s'attaque à l'urbanisme et au cadre urbain, sans apporter les réponses sociales et économiques nécessaires, soit l'effort est porté sur le volet humain, le traitement social, mais sans la moindre préoccupation du cadre de vie dans lequel les habitants des banlieues sont emprisonnés.

En 2002, le nouveau ministre de la Ville et de la Cohésion sociale, Jean-Louis Borloo, décide d'apporter une nouvelle méthode. Ainsi, j'ai le plaisir de participer à la mise en œuvre d'un ensemble de mesures importantes, sous son impulsion.

Afin de lui présenter nos réalisations concrètes en matière de rénovation urbaine, je réussis à le faire venir au Plessis-Robinson au début de l'année 2003. Quand il découvre ce que nous avons réalisé, il s'exclame : « Voilà, c'est cela qu'il faut faire ! » en visitant le Cœur de Ville.

Son enthousiasme me touche. Il veut visiter les immeubles et voir ce qui sort de terre. Nous parcourons alors la ville dans tous les sens, parlant des chantiers en cours et de ceux à venir.

Au sortir de cette visite, il décide de classer Le Plessis-Robinson ville pilote pour la rénovation urbaine et nous permet, dans le cadre du droit à l'expérimentation, de tester de nouvelles politiques.

Le plan Marshall des banlieues

Il faut reconnaître que c'est un véritable plan Marshall que lance Jean-Louis Borloo pour les banlieues, avec 35 milliards d'euros de crédits à l'horizon 2013.

À cette date, 530 quartiers dits « sensibles », concernant quatre millions d'habitants, devraient être intégralement reconstruits. Sans entrer dans des détails complexes, il faut évoquer la nature et les perspectives offertes par ces actions qui me paraissent fondamentales.

Le 1er août 2003 entre en vigueur la loi Borloo d'orientation et de programmation pour la ville et la rénovation urbaine, texte dont j'ai l'honneur d'être le rapporteur général pour la commission des affaires économiques de l'Assemblée nationale.

L'ambition de ce dispositif est de « réduire les inégalités sociales et les écarts de développement entre les territoires », par l'élaboration de conventions et de programmes d'action dans les zones urbaines sensibles. Cet Engagement National pour le Logement (ENL), officialisé à l'automne 2006, est un ensemble de modifications légales et de mesures fiscales visant à aider à la transformation des banlieues.

La bonne réponse : le guichet unique

Ce plan commence par une mobilisation sans précédent des crédits de l'État, des collectivités locales et des partenaires sociaux en faveur de la rénovation urbaine. Une Agence nationale (ANRU) est créée, chargée de la gestion d'un listing pluriannuel de rénovation des quartiers sensibles. En l'adoptant, nous entendons ainsi refonder les quartiers en difficulté, tout en rompant radicalement avec les méthodes traditionnelles du renouvellement urbain, qu'incarnaient les Grands Projets de Ville (GPV).

Cette volonté de promouvoir un véritable changement de culture de la politique de la ville – grâce à la création d'un guichet unique rassemblant tous les acteurs du renouvellement urbain –, la définition d'une programmation pluriannuelle des crédits de l'État et le développement d'un partenariat conventionnel, s'inscrit dans une logique de promotion de grands principes essentiels à la cohésion sociale, tels que la mixité de l'habitat et l'égalité des chances.

Un premier rapport d'étape

Au terme de plus de trois années de mise en œuvre de la loi, Patrick Ollier, président de la commission des affaires économiques de l'Assemblée nationale, me confie le soin de dresser un état des lieux de ses premiers résultats.

La préparation de ce rapport me donne l'occasion de rencontrer des maires de toutes tendances politiques, désireux, comme moi, de changer le visage de leur ville et soucieux de le faire le plus efficacement possible et dans le respect de ceux qui y vivent.

Je suis touché devant tant de bonne volonté des élus locaux à transformer leur ville mais, dans le même temps, par leur difficulté parfois, à imaginer leur ville autrement. Nos discussions, nos rencontres avec les habitants que ce soit tout autour de Paris, à Aulnay-sous-Bois, à Montfermeil, à Mantes-la-Jolie, à Rueil-Malmaison ou encore à Boulogne-sur-Mer, me donnent l'envie de poursuivre la mission qui m'a été confiée et d'aller plus loin dans l'aide à proposer, dans les moyens à offrir, dans les idées pouvant être mises en place.

Casser pour faire quoi ?

Beaucoup d'élus sont perplexes à l'idée de détruire une barre, un îlot et surtout un quartier parce qu'ils n'ont pas de vision claire sur ce qu'il faut reconstruire.

Certains architectes, comme Roland Castro, émettent des réserves sur l'obligation de démolir les banlieues, préférant un « remodelage », c'est-à-dire une refonte architecturale et urbaine complète, arguant du caractère traumatisant des destructions. Mais quand ils parlent de « recouturer la banlieue », ne devrait-on pas plutôt parler d'un rapiéçage de fortune ?

Premiers succès de la rénovation urbaine

Quant aux grands enseignements du bilan de la loi Borloo, s'agissant du volet « rénovation urbaine », les témoignages que j'ai pu recueillir auprès des acteurs rencontrés sur le terrain, mais aussi les chiffres de la mise en œuvre de ce programme, sont éloquents. Ils attestent le succès incontestable de la méthodologie retenue par le gouvernement, directement inspirée de l'expérience du Pacte 92, expérimentée dans les Hauts-de-Seine.

Au 1er février 2007, l'ANRU a déjà validé pour plus de 26 milliards d'euros de travaux programmés sur les cinq années à venir. Près de 161 quartiers prioritaires auxquels s'ajoutent 228 autres quartiers sont déjà bénéficiaires du dispositif.

Au départ, ce plan visait à détruire 200 000 logements sociaux en cinq ans dans des zones défavorisées et à en reconstruire autant en dehors de ces Zones Urbaines Sensibles (ZUS).

Ce programme est à mes yeux excellent puisqu'il reconnaît enfin la nécessité de détruire massivement et celle de faire disparaître progressivement la banlieue en réintégrant les nouveaux logements à la ville.

Sur bien des points, on peut donc dire qu'il propose aux villes qui le désirent et qui en ont besoin une méthode et des moyens pour entreprendre l'opération que nous avons amorcée au Plessis-Robinson en 1989.

Veillons néanmoins à ce que les moyens ne soient pas trop dispersés, pour que l'action puisse être aussi massive que possible, tout en encourageant les maires qui bénéficient de ces aides à être très attentifs à leur programme de reconstruction. Attention, il ne s'agit pas de reproduire les erreurs du passé.

L'accession sociale à la propriété

Le développement de l'accession sociale à la propriété fait partie des objectifs du plan Borloo. Devenir propriétaire de son logement fait partie des rêves d'une grande majorité des Français, mais seulement 45 % d'entre eux y ont accès, moins encore en région parisienne où les prix deviennent inabordables. Beaucoup d'entre eux sont condamnés à rester locataires toute leur vie, en particulier dans le secteur HLM, où la rotation des appartements est bloquée par cet état de fait.

C'est une idée que je défends depuis longtemps, mais sans avoir les outils pratiques pour la mettre en œuvre. Encouragé par le gouvernement, je souhaite tester au Plessis-Robinson une vaste opération d'accession sociale à la propriété. Le schéma repose sur un principe simple : le locataire peut prétendre acheter son logement social s'il fait partie d'un immeuble ou d'une cage d'escalier où une majorité de locataires est prête à sauter le pas. L'enquête que nous réalisons auprès de l'ensemble des locataires fait remonter un très grand nombre de familles intéressées, mais de nombreux obstacles juridiques et financiers rendent l'opération difficile.

La bataille des prix

Je décide de prendre le dossier à bras-le-corps et convaincs Nicolas Sarkozy, devenu président du conseil général des

Hauts-de-Seine, de désigner en janvier 2006 Le Plessis-Robinson ville pilote en matière d'accession sociale. Étape suivante : obtenir les taux d'emprunts les plus faibles possible. Le conseil général vote un prêt à taux zéro en complément de celui de l'État. Malgré cela, les prix restent encore trop élevés par rapport aux moyens de mes primo-accédants. C'est pourquoi je soutiens l'initiative de mon collègue Gérard Hamel, député-maire de Dreux, qui fait voter par l'Assemblée nationale un amendement permettant une décote supplémentaire de 35 % sur le prix des Domaines. Dans ces conditions, l'affaire est jouable et les premières ventes aux locataires sont réalisées au début de l'hiver 2006, avec un objectif ambitieux de 4000 transactions en cinq ans sur le département des Hauts-de-Seine.

Ce dispositif d'accession sociale est vraiment gagnant-gagnant.

D'abord parce que l'argent dégagé par la vente va permettre aux Offices HLM et aux OPAC de dégager des fonds propres pour construire de nouveaux programmes sociaux et donc mieux et plus vite répondre à la forte demande. Ensuite parce qu'il est avéré que l'implication des nouveaux propriétaires dans le respect et l'entretien des parties communes permet aux immeubles plus de longévité et – le mot est à la mode – de durabilité.

Quand les gens deviennent plus attentifs à leur environnement, les incivilités régressent, bref les citoyens prennent leur destin en main.

Sur le plan national, Jean-Louis Borloo a repris cette démarche dans la loi Engagement National pour le Logement puisque des conditions particulières seront offertes à certains locataires pour acheter leur logement, notamment grâce à un taux réduit de TVA à 5,5 %.

L'accès au crédit pour tous

Enfin, je prolonge cette action en déposant une proposition de loi visant à garantir les prêts bancaires des personnes présentant un risque médical en cas d'achat d'un bien immobilier. Depuis, l'ensemble des dispositions proposées dans ce texte a été repris dans un projet de loi de Xavier Bertrand adopté par le parlement.

Grâce à ce texte, ce sont dix à douze millions de Français qui pourront avoir accès au crédit immobilier.

Le droit d'avoir un toit

L'année 2006 s'achève par la révolte des SDF du canal Saint-Martin et 2007 s'ouvre par l'introduction dans notre droit réel, par la classe politique – droite et gauche confondues – d'un droit opposable au logement. Je crains que ce droit reste pour longtemps dans les tiroirs de la République et les SDF sous leur abris de fortune.

Car est-il imaginable que tous les sans-logis, aussi estimables soient-ils, se voient attribuer en priorité des logements sociaux, alors que des centaines de milliers de familles attendent depuis des années de se voir attribuer le précieux sésame ?

Ce n'est pas pour autant qu'il faille ignorer la détresse humaine et j'ai pu vérifier, au Plessis-Robinson, comment une association baptisée AIDER, dirigée par un homme admirable, Louis Girerd, assure cette présence auprès de ceux qui sont en peine d'un toit. Avec le concours de la Ville et de l'Office départemental HLM, Louis Girerd a pu constituer une sorte de petit Office, dont il gère en partenariat avec moi, les attributions et le roulement. Une famille expulsée, une mère à la rue, un jeune sans ressources peut y trouver un gîte, à titre provisoire. Seule contrainte : chercher à s'en sortir et acquitter une partie du prix du loyer, dans la mesure de ses ressources. Avec une adresse, un demandeur d'emploi peut mettre sa famille à l'abri et reprendre des démarches, souvent avec le soutien de l'association AIDER qui a une branche « emploi ». Un toit, un travail, c'est une spirale qui redevient vertueuse et qui permet à un individu de se réinsérer peu à peu dans la société, afin, dès que possible, d'intégrer le système locatif normal.

Grâce à AIDER, de nombreuses familles, de nombreux cas désespérés ont pu reprendre pied. Avec trente logements d'urgence pour 21 000 habitants, Le Plessis-Robinson assure un toit à tous ceux qui en ont besoin. À Paris qui compte cent fois plus d'habitants, M. Delanoë devrait mettre à disposition 2 000 logements de son OPAC pour assurer le même niveau d'assistance. Où sont-ils donc ? J'attends les chiffres…

Une agence pour la Haute Qualité Architecturale

Mon travail sur la loi de rénovation urbaine et sur la loi de 2006 portant engagement national pour le logement m'a fait remarquer. C'est pourquoi je suis chargé en 2006 par Nicolas Sarkozy de présider la Commission logement de l'UMP et de rédiger un rapport ayant pour objectif de proposer au candidat de l'UMP à l'élection présidentielle des pistes et des solutions pour sortir notre pays de la crise du logement.

C'est dans ce cadre que je formule le souhait de voir la création d'une agence de la Haute Qualité Architecturale (HQA), qui pourrait abonder les crédits des opérations respectant un cahier des charges en fonction de critères architecturaux.

J'ai ainsi tenu à rappeler que les citoyens des villes ont tous le droit d'habiter dans un immeuble avec un toit, une cour intérieure, des fenêtres qui ne soient pas simplement des trous dans des murs mais des éléments de décor urbain, avec un respect des proportions et de l'équilibre qui apporte à tous, habitants et passants, le sentiment de partager beauté, harmonie et sécurité.

Certaines de mes propositions ont été inscrites dans le programme de campagne de Nicolas Sarkozy et je suis particulièrement heureux d'avoir ainsi contribué à cette réflexion pour l'avenir de notre pays.

La renaissance de la Cité-jardins

Désormais, j'impose mes vues

En 1997, la rupture avec le projet Alluin-Mauduit est consommée. Trois ans plus tard, il reste 21 hectares en friche à aménager.

L'expérience du Bois des Vallées me permet de démontrer que l'architecture classique et la mixité sociale sont les deux piliers de la transformation des cités de banlieue en véritables quartiers de ville.

Et je suis bien décidé à imposer mes vues pour ces troisième et quatrième phases de la Cité-jardins. Le marché est clair, je n'accepterai la reprise du chantier que sous deux conditions :

– que l'urbanisme et l'architecture du quartier soient dans le prolongement de l'esprit du Cœur de Ville tout proche ;

– que pour respecter une vraie mixité urbaine à l'échelle de la ville, il n'y soit reconstruit que 250 logements sociaux, en échange des efforts de mixité réalisés dans le quartier du Bois des Vallées et du Cœur de Ville.

Le pari est osé et le bras de fer avec l'Office départemental HLM et l'État va être intense. Je dois discuter « gros sous » avec Pierre Bourgoin, directeur général de l'OPDHLM 92, un négociateur hors pair et un grand professionnel de l'urbanisme et du logement social, qui comprend parfaitement la nécessité d'un rééquilibrage urbain du Plessis-Robinson. Fort du soutien appuyé de

Charles Pasqua, alors président du conseil général des Hauts-de-Seine, je finis par trouver un accord financier avec lui et avec Jean-Paul Dova, le président de l'OPDHLM 92.

Xavier Bohl emporte le marché

Le projet est relancé en 2000, par l'intermédiaire, non plus d'un concours d'architectes, mais d'un marché de définitions. Un jury est constitué pour choisir l'architecte en chef du projet parmi trois équipes ayant toutes travaillé sur un programme architectural issu d'un cahier des charges que j'ai personnellement vérifié, ligne par ligne. Le travail du jury est passionnant grâce à la confrontation de trois équipes de haut niveau (pour une fois !), Breitman-Léon Krier, Grunbach et Bohl. C'est ce dernier qui emporte la mise et qui va nous dessiner cette cité-jardins dont nous rêvions depuis longtemps.

Xavier Bohl se place sans ambiguïté sur les traces de François Spoerry :

« Nos sources sont les succès heureux du passé, avec la joie, les couleurs, la mise en valeur des particularismes locaux, le respect de l'homme : une architecture douce dans l'esprit que nous a enseigné François Spoerry ».

Les Robinsonnais sont aussi associés à cette réflexion et peuvent exprimer leurs préférences dans une consultation à Expoville, un espace d'information que nous avons ouvert en 1991 pour présenter nos projets urbains. Et l'avis de la population rejoint très largement celui du jury : c'est le projet Bohl qui est retenu comme le meilleur.

Un projet à la hauteur

Le projet est à la hauteur de nos espérances. Il est dans la lignée de celui du Cœur de Ville, en plus grand (21 hectares au lieu de 12), en plus vert (il est organisé autour d'un grand parc) et en plus naturel, avec une rivière artificielle qui multiplie ses ramifications sur plus d'un kilomètre. 1 300 logements à bâtir, six mille mètres carrés de commerces et des équipements publics à la hauteur : un nouveau marché, un futur pôle culturel, une école Louis-Hachette reconstruite et agrandie, une crèche, une maison de retraite médicalisée, une « maison relais » pour des personnes en très grande difficulté.

On s'arrache Le Plessis-Robinson

La Ville achète le terrain à l'Office départemental pour le céder à la SEMPRO qui va assurer la commercialisation des droits à construire. Vingt-cinq lots sont définis, pour aménager les 21 hectares de terrain et les 90 000 m^2 de SHON.

En quinze ans, l'image du Plessis-Robinson a bien changé. Il suffit de constater la ruée des promoteurs qui, sous la houlette de Jackie Lorenzetti, Pdg de Foncia, s'arrachent les lots. En quelques jours, tous les droits à construire sont attribués, les bénéficiaires devant respecter des règles architecturales très strictes, les équipes d'architectes n'étant autorisées à intervenir sur les constructions que sous la direction de Xavier Bohl, architecte en chef du chantier.

À l'heure où les prix de l'immobilier flambent en Ile-de-France, c'est le plus important chantier immobilier de la région et il intègre des innovations remarquables en termes de développement durable, notamment sur la gestion des eaux des étangs artificiels qui sont créés.

Quand l'ensemble du quartier sera aménagé, avant la fin de l'année 2009, nous aurons ainsi, avec le Cœur de Ville et le Bois des Vallées, un ensemble de trois quartiers architecturalement cohérents, sociologiquement intégrés et commercialement attractifs ; deux pôles commerçants autour du marché d'une part et de la Grand'Place d'autre part, reliés par un front commerçant ininterrompu le long de l'avenue Charles de Gaulle et de la Grande Rue. Il aura fallu vingt ans pour achever la réponse que je voulais donner aux Robinsonnais, vingt ans pour donner un nouveau cap à la ville et lui redonner un avenir qui chante.

Reconstruire la ville sur la banlieue

La rébellion architecturale

Quand je me suis attaqué à la reconstruction du Plessis-Robinson, je pensais être le seul à me battre contre l'architecture moderniste qui a défiguré tant de nos villes.

Je sais maintenant, qu'aux États-Unis comme en France, il y a un mouvement de rébellion contre les diktats urbanistiques que l'on nous impose depuis cinquante ans.

Ce courant, appelé *New Urbanism*, fait fureur aux États-Unis selon un schéma « traditionnel », c'est-à-dire antérieur aux années 40 et au développement à perte de vue de la ville construite pour l'automobile.

Ce mouvement, appuyé sur les préceptes de l'architecture néo-classique, a fortement inspiré la construction du centre urbain de Val d'Europe, à Marne-la-Vallée, une ville nouvelle de 40 000 habitants et 60 000 emplois, développée sous la direction de l'agence d'architecture et d'urbanisme Cooper, Robertson and partners.

Le *New Urbanism* et l'architecture néo-classique ont-ils la capacité de renouveler la conception du projet urbain dans une perspective de développement durable ?

Cette ville nouvelle, diverse socialement et fonctionnellement, dense sans être écrasante, partageant l'espace entre le piéton et la voiture, composée de quartiers différenciés, est organisée autour d'un réseau de rues et de places, conçues dans la continuité de l'héritage culturel de l'Ile-de-France.

Quand on fait la comparaison avec la commune voisine de Noisy-le-Grand, dont les nouveaux quartiers ont été construits dans le style moderniste des années 80, le contraste est terrible : d'un côté l'harmonie des formes et la douceur de vivre, de l'autre la brutalité de l'architecture et une violence diffuse.

Une architecture plébiscitée

Les principaux arguments de cette théorie en faveur de la mixité urbaine, de la diversité sociale et de la densité, ainsi que la demande des particuliers pour ce type d'architecture plaident largement en sa faveur.

Prenons un seul exemple. Imaginons une opération modèle dans laquelle chaque immeuble compte autant d'appartements en accession à la propriété qu'en location dans le secteur aidé.

Deux immeubles sont construits, l'un dans un style classique en bord de rue avec des commerces en rez-de-chaussée, l'autre dans un style moderne sur une dalle en face du centre commercial.

Si l'on considère que tous les appartements, quel qu'en soit le style, sont commercialisés au même prix, quel sera l'immeuble qui sera habité le premier ? La réponse est évidente et démontre une fois de plus qu'il est possible de créer de la diversité sociale en y incluant une bonne part de logements aidés, pour peu qu'ils revêtent les mêmes habits.

Soyons clairs, dans l'esprit des Français, l'idéal du bien vivre, c'est la maison posée au milieu de sa parcelle, à bonne distance de la rue et des voisins. Mais c'est un schéma urbain aujourd'hui reconnu par tous comme dépassé parce que trop coûteux en espace et en énergie. Mais quand on propose une maison « de ville », rien ne choque qu'elle soit mitoyenne sur un ou deux côtés et implantée au droit de la rue. Ce qui veut dire que la « valeur » apportée par l'architecture néo-classique contrebalance aux yeux des gens la plus grande promiscuité.

En resserrant les espaces, l'architecture classique ou l'architecture douce contribue à rapprocher les hommes, ce qui nous ramène à l'essence de la ville.

Conclusion

Deux endroits au monde portent le nom de Robinson, une île et une ville : une île perdue dans le Pacifique sud au large du Chili, sur laquelle s'échoua le marin Daniel Selkirk, dont l'histoire inspira Daniel Defoe qui en fit le mythe universel de Robinson Crusoé, celui de l'homme seul face à la nature ; une petite ville aux portes de Paris dont le nom a été attribué et rendu célèbre grâce au mythe de Robinson et aux guinguettes inspirées par cette aventure hors du commun.

Ces deux lieux de mémoire, dont les élus correspondent, se sont retrouvés menacés, l'un par les rejets de la civilisation moderne, l'autre par les méfaits de l'urbanisation galopante.

Le petit village d'Ile-de-France, né à l'ombre de son clocher du XIIe siècle, a traversé toutes les époques architecturales avec plus ou moins de bonheur : architecture rurale du Hurepoix dont les traces médiévales se retrouvent dans la cour commune et les restes d'anciennes fermes, architecture classique à la Mansart, illustrée par le château Colbert, ses anciens communs et les maisons de maîtres du quartier, construction fonctionnaliste à l'allemande des cités-jardins d'entre-deux-guerres, style art-déco de la folie du Moulin Fidel, absence de style pour les grands ensembles et les résidences construites après-guerre avec une grande économie de moyens et d'imagination et enfin l'architecture douce et classique que j'ai imposée depuis dix-huit ans dans le Cœur de Ville, le Bois des Vallées et la nouvelle Cité-jardins.

En moins d'un siècle, le bourg rural qu'était Le Plessis-Robinson avant la Grande Guerre, devenu une cité-dortoir de banlieue, est en train de se transformer en une véritable ville, dont l'urbanisme et l'architecture à vocation durable vont aider les habitants à mieux vivre ensemble et à affirmer leur identité locale à travers leur fierté d'être d'ici et pas d'ailleurs.

Y a-t-il aujourd'hui une autre forme urbaine qui ait fait ses preuves ? Peut-on continuer à faire des locataires sociaux les cobayes de l'urbanisme moderniste ?

Les architectes modernistes ont prouvé qu'ils savaient faire une belle maison d'architecte ou un bâtiment public exceptionnel, mais ils n'ont pas encore su trouver une nouvelle forme urbaine qui fonctionne mieux que la ville traditionnelle.

C'est encore ce modèle de ville qui offre du bonheur à ses habitants, à travers l'architecture classique qui reste le seul langage universel et intemporel que tout citoyen de l'Europe occidentale peut comprendre.

Il y a 18 ans, quand j'ai pris en main les destinées du Plessis-Robinson, j'ai récupéré une commune en faillite, en état de délabrement avancé, dont la population baissait régulièrement, dont l'évasion commerciale dépassait les 80 % et qui méritait le titre de ville-dortoir, plus des trois quarts de la population active ayant un travail hors de la commune.

Dix-huit ans plus tard, Le Plessis-Robinson est redevenu prospère, le paysage urbain est transformé, sa population augmente et rajeunit à vue d'œil. Les Robinsonnais ont redécouvert et apprécient leurs commerces de proximité. Le nombre d'emplois dans les zones d'activités a crû de 50 % en vingt ans, offrant aux habitants la possibilité de travailler plus près de leur lieu de résidence.

Je pense avoir commencé à changer la ville en profondeur, mais, après environ dix-huit années de travail quotidien, tout n'est pas encore terminé tant que la Cité-jardins n'est pas achevée.

Mais on peut déjà goûter à un bonheur de ville, ce rêve que je porte pour tous les Robinsonnais qui veulent être heureux là où ils ont choisi de vivre. J'espère avoir montré, avec l'exemple du Plessis-Robinson, que la ville nouvelle dont on rêve peut être bâtie sur les modèles inspirés du passé, tout en répondant aux problématiques d'aujourd'hui et de demain : une ville plus authentique, une ville plus sûre, une ville plus belle, une ville plus accueillante, une ville plus respectueuse de l'environnement et de ses habitants, une ville plus équilibrée, une ville construite pour durer.

Le Plessis-Robinson – 19 mars 2007

Remerciements

Merci à ma famille.

Merci à tous ceux qui ont participé à cette aventure collective. Ils sont trop nombreux pour être remerciés individuellement : les élus, petits ou grands, les militants, mes collaborateurs, mon secrétariat, les fonctionnaires municipaux, les salariés de la SEMPRO, la direction et le personnel de l'OPDHLM 92 et en particulier celui de la délégation du Plessis-Robinson, les services du conseil général des Hauts-de-Seine et de la SEM 92, les cabinets d'architecture et les entreprises partenaires.

Et bien sûr merci aux Robinsonnais qui m'ont fait et me font confiance.

Merci enfin aux habitants de Châtillon, de Clamart, et de Fontenay-aux-Roses qui m'ont choisi comme député en 2002.

Chronologie

1955 – Naissance à Granville (Manche).

1976 – Études de droit à Rennes et à Paris.

1981 – Assistant parlementaire du Sénateur Chérioux

1983 – Chef de Cabinet de Patrick Devedjian à Antony.

1986 – Direction de la délégation de Bagneux de l'OPD-HLM 92.

1988 – Installation au Plessis-Robinson.

1989 – Élu maire du Plessis-Robinson avec 50,1 % des voix.

1990 – Rencontre avec François Spoerry.

1991 – Le cabinet Alluin-Mauduit remporte le concours de reconstruction de la Cité-jardins.

1992 – Élu conseiller général des Hauts-de-Seine avec 60 % des voix.

1993 – Le Plessis-Robinson est désigné ville pilote du Pacte 92 du département des Hauts-de-Seine.

1993 – Inauguration du quartier du Bois des Vallées dessiné par Marc et Nada Breitman.

1994 – Inauguration de la première phase de reconstruction de la nouvelle Cité-jardins.

1995 – Réélu maire avec 62 % des voix au premier tour.

1997 – Arrêt du chantier de construction de la nouvelle Cité-jardins.

1998 – Réélu conseiller général RPR.

1999 – Soutien de la liste Pasqua-Villiers aux élections européennes qui fait son meilleur score national au Plessis-Robinson avec 28,5 % des voix.

2000 – Xavier Bohl remporte le marché de définitions du nouveau projet de Cité-jardins.
2000 – Inauguration du Cœur de Ville.
2001 – Réélu maire avec 68 % des voix au premier tour.
2002 – Élu député avec 53,5 % des voix au deuxième tour, sous l'étiquette UMP.
2003 – Le ministre de la Cohésion sociale Jean-Louis Borloo désigne Le Plessis-Robinson ville pilote de la rénovation urbaine.
2005 – Le Plessis-Robinson est choisie comme ville pilote des Hauts-de-Seine pour l'accession sociale à la propriété.
2005 – Le Plessis-Robinson remporte le Grand Prix Européen de Fleurissement.
2005 – Pose de la première pierre de la nouvelle Cité-jardins.
2006 – Inauguration de la nouvelle halle du Grand marché.
2007 – Inauguration des premiers logements sociaux de la nouvelle Cité-jardins.

« La beauté urbaine n'est pas créée par la juxtaposition ou l'accumulation d'œuvres, elle se retrouve dans un ordonnancement de l'espace urbain créé dans un paysage où l'immeuble et la voirie s'associent harmonieusement dans l'ordinaire et l'exception. La beauté urbaine est un don public fait à tous les habitants d'une ville qui leur permet d'en être fier et de l'aimer. »

Robert Auzelle

Bibliographie

Pierre Ansay, René Schoonbrodt, *Penser la ville*, Archives d'architecture moderne, 1994.

Robert Auzelle, *À la mesure des hommes*, Architectures d'aujourd'hui – Actualités, 1980.

Ricardo Bofill, *L'Architecture des villes*, Éditions Odile Jacob, 1995.

Marc et Nada Breitman, *Projet de ville – Le Plessis-Robinson*, Éditions Mardaga, 1994.

Roland Castro, *Civilisation urbaine ou barbarie*, Éditions Plon, 1994.

Charles Prince de Galles, *Le prince et la Cité : un regard personnel sur l'architecture d'aujourd'hui*, Etai, 2000.

Paul Chemetov, *La Fabrique des villes*, Éditions de l'aube, 1992.

Léon Krier, *Architecture : choix ou fatalité*, IFA-Norma, 1999.

Le Corbusier, *Vers une architecture*, Flammarion, 1923.

Patrice de Moncan, *Villes utopiques, villes rêvées*, Les éditions du Mécène, 2003.

Michel Ragon, *L'Homme et les villes*, Albin Michel, 2004.

Michel Ragon, *C'est quoi l'architecture ?* Seuil, 1991.

François Spoerry, *L'Architecture douce*, Robert Laffont, 1989.

Revue d'Architectures, « La ville matière à penser », numéro spécial février, 1994.

Conseil européen des urbanistes, *La Nouvelle Charte d'Athènes*, 2003.

La revue du MAUSS, « Villes bonnes à vivre, villes invivables », n° 14, 1999.

Table des matières